ESPAÑOL 3

SERIE 2000   PRIMARIA

Santillana

El libro ESPAÑOL 3, SERIE 2000,
es una obra colectiva creada y diseñada en el Departamento
de Investigaciones Educativas de la Editorial Santillana,
con la dirección de
Fernando García Cortés.

AUTORA

María de los Ángeles Mogollón G.

El libro **Español 3**, **Serie 2000,** fue elaborado, en Editorial Santillana, por el siguiente equipo:

Coordinación editorial: Gabriel Moreno Pineda.
Edición: Óscar Díaz Chávez.
Corrección de estilo: Javier Andrés Suárez Ruiz.
Diseño de interiores: Marisela Pérez Peniche.
Coordinación de Arte: Francisco Rivera Rodríguez.
Coordinación de Autoedición: Óscar Tapia Márquez.
Diagramación: Andrés Arroyo Hernández y Ericka Luna Ortíz.
Dibujo: Tané, Arte y Diseño, S.A. de C.V.
Fotografía: Ricardo Castellanos, Humberto Martínez Rentería, Édgar A. López Lira, Eduardo García
          Cervantes, Jorge González, Roland Seedorf, Corel Stock Photo y Archivo Santillana.
Digitalización y retoque: Alberto Enríquez y José Perales.
Fotomecánica electrónica: Gabriel Miranda.
Diseño de Portada: Marisela Pérez Peniche.
Fotografía de Portada: Ricardo Castellanos.

ISBN: 978-970-642-638-3
Tercera edición: enero de 2000
Primera reimpresión: julio de 2000
Segunda reimpresión: septiembre de 2000
Tercera reimpresión: febrero de 2001
Cuarta reimpresión: enero de 2002
Quinta reimpresión: agosto de 2002
Sexta reimpresión: septiembre de 2002
Séptima reimpresión: febrero de 2003
Octava reimpresión: agosto de 2003
Novena reimpresión: febrero de 2004
Décima reimpresión: febrero de 2005
Décima primera reimpresión: agosto de 2005
Décima segunda reimpresión: diciembre de 2005
Décima tercera reimpresión: octubre de 2006
Décima cuarta reimpresión: septiembre de 2007
Décima quinta reimpresión: febrero de 2008
Décima sexta reimpresión: enero de 2009
Miembro de la Cámara Nacional de la
Industria Editorial. Reg. Núm. 802

Impreso en China

Presentación

Editorial Santillana presenta una **nueva edición** del libro *Español 3, SERIE 2000*, para la Educación Primaria. Este texto se apega al programa y a la secuencia de los contenidos oficiales para la asignatura Español de tercer grado de Educación Básica, los enriquece con varios temas complementarios y recoge las sugerencias de múltiples profesores de todo el país.

Este texto te ayudará a desarrollar tus **habilidades comunicativas básicas** (oír, hablar, leer y escribir), te permitirá adquirir nociones acerca del funcionamiento de la lengua y te proporcionará los medios adecuados para que puedas emplear con eficacia el lenguaje oral y escrito, comprendas lo que lees y apliques tus conocimientos en el estudio de las otras asignaturas.

El libro *Español 3*, *SERIE 2000*, está organizado en 19 lecciones; en ellas se presentan contenidos de los cuatro ejes programáticos (Lengua hablada, Lengua escrita, Recreación literaria y Reflexión sobre la lengua) organizados en las siguientes secciones:

- **Comunicación.** Las dos páginas iniciales de la lección te ofrecen una serie de recursos y técnicas para que pongas en práctica la expresión oral y escrita de manera sistemática.
- **Texto informativo.** En esta sección se presentan textos y actividades que te permitirán ejercitarte en la comprensión de materiales escritos; de este modo, desarrollarás habilidades para adentrarte en el mundo del conocimiento.
- **Gramática o Nuestra Lengua.** En estas páginas se parte de tu experiencia con respecto a los mecanismos de la lengua y se presenta información amplia, clara y precisa para que la apliques en la redacción de textos.
- **Texto literario.** Esta sección te ofrece textos de carácter literario para que disfrutes de su lectura y, a partir de ellos, te inicies en la creación de tus propias obras.
- **Ortografía.** La comunicación escrita es más eficaz cuando escribes las palabras con corrección y permites que quien lea tus textos pueda comprenderlos; éste es el propósito de la sección final de las lecciones.

En cada lección se desarrolla un conjunto de contenidos programáticos afines, vinculados por medio de un tema central, que permite enlazar la información, las ilustraciones y las actividades en unidades de aprendizaje relacionadas con asuntos que despiertan tu interés y permiten poner en práctica lo que ya conoces; por esta razón, se incluyen en las secciones los siguientes apartados:

- **Sugerencias**, notas informativas y actividades dirigidas a la comprensión y el análisis de los textos.
- **Trabajo en equipo**, actividades colectivas encaminadas a la práctica comunicativa.
- **Nos preparamos**, propuestas de trabajo que rescatan tu conocimiento previo relacionado con la gramática o los mecanismos de la lengua española.
- **Redactamos**, sugerencias para la creación y recreación de textos literarios.
- **Para terminar**, actividades encaminadas a la práctica de lo que estudiaste en cada lección, desde un punto de vista funcional.

Cada dos lecciones se incluye una sección denominada **Taller**, en ella se sugieren proyectos de trabajo que te permitirán comprobar el uso de la lengua como una herramienta comunicativa.

Español 3, *SERIE 2000*, concluye con una **Bibliografía**, que incluye títulos sugeridos para tu profesor y para ti, y **cinco evaluaciones bimestrales** desprendibles que, de acuerdo con las valiosas orientaciones de tu profesor, te permitirán conocer el avance de tu aprendizaje durante cada período bimestral.

Índice

1 ¿CON QUIÉN HABLAS?

A la mayoría de las personas les gusta hablar. Nosotros hablamos con nuestra familia, con nuestros amigos, con nuestros profesores, con la gente que conocemos.

1. Observa la ilustración y contesta:

- ¿Qué personajes están platicando? ¿De qué crees que hablan?
- ¿La niña puede platicar con su perro? ¿Por qué?
- ¿El perro entiende todo lo que le dicen? ¿Por qué?

2. Forma un equipo con cuatro compañeros.

- Imaginen lo que dicen los personajes de la ilustración y representen los diálogos.

3. Observa qué sucede en los diálogos representados por tus compañeros y comenta con tu equipo:

- ¿Quién inicia el diálogo?
- Mientras uno habla, ¿qué hace el otro?
- ¿Acerca de qué hablan?
- ¿Quién termina la conversación?
- ¿Qué pasaría si todos hablaran al mismo tiempo?
- ¿De qué forma se comunicarían si no pudieran hablar?

La conversación y la discusión

Seguramente tú platicas con tus amigos acerca de lo que te gusta hacer o les cuentas a ellos cómo te fue durante el día. También puedes hablar de tus animales favoritos o de las cosas que te dan miedo.

Hay muchos, muchos **temas de conversación**; a veces tienes que hablar acerca de un asunto para llegar a un acuerdo con tus compañeros, entonces se organiza una **discusión**.

La **conversación** se realiza cuando unas personas **hablan** con otras de manera familiar.

Cuando dos personas conversan, una de ellas **habla** mientras la otra **escucha**.

La persona que habla debe hacerlo con claridad y un volumen de voz adecuado. La persona que escucha debe hacerlo con atención y sin interrumpir a la que habla.

En una **discusión organizada**, una persona dirige las intervenciones de los participantes y se encarga de darles la palabra. Además, en una discusión es necesario:

- Pedir la palabra.
- Respetar el turno para hablar.
- Escuchar con atención.
- Respetar las opiniones de los participantes.

1. **Comenta con tus compañeros de qué platicas con tus amigos, con tus familiares y con tus vecinos.**

2. **Forma un equipo con cinco compañeros y platica con ellos acerca de:**

- Lo que hiciste durante las vacaciones.

- Los juegos que más te gustan.

- Lo que te da miedo.

3. **¿A qué lugar te gustaría ir con tus compañeros: al zoológico, a los juegos mecánicos, al cine, al teatro...?**

- Organiza una discusión con tu equipo para llegar a un acuerdo.
- Elijan a un compañero para que dirija la discusión.
- Sigan las reglas de la discusión y expresen sus opiniones.
- Escriban los acuerdos.

_____

_____

_____

- Propongan a un compañero para que lea en voz alta los acuerdos.

Texto informativo

Saludos diferentes

En todas las poblaciones del mundo, cuando dos o más personas se encuentran, lo primero que hacen es saludarse antes de iniciar una conversación, pero no todas las personas se saludan de la misma manera.

En Laponia, una región que se encuentra al norte de Europa, el saludo de dos personas nos puede parecer divertido. Como si fueran dos periquitos que entrecruzan sus picos, los lapones se rozan mutuamente la nariz, y así expresan su reconocimiento y afecto.

Los chinos se saludan uniendo sus manos y haciendo una ligera inclinación de cabeza.

Los nativos de una pequeña isla llamada Samoa se olfatean cuando se saludan.

Estas formas de saludo resultan curiosas para nosotros; sin embargo, no nos sorprendemos cuando vemos a dos personas que se encuentran y se saludan con un fuerte abrazo o con un abrazo y un beso o solamente con un beso. Tampoco nos extraña ver a las personas estrecharse la mano, que es la forma de saludo más común entre nosotros.

María de los Ángeles Mogollón (adaptación).

1. Comenta con tus compañeros qué forma de saludar te pareció más curiosa o divertida.

2. Completa el esquema del texto.

Trabajo en equipo

Forma un equipo con cuatro compañeros. Inventen tres formas divertidas para saludar a los amigos. Por ejemplo, una forma de saludo sería un golpe de cadera, media vuelta y beso en la nariz.

SALUDOS DIFERENTES	
LAPONIA	Se rozan la nariz.
CHINA	Unen las manos e inclinan _____
SAMOA	Se _____
MÉXICO	Nos damos un _____ o un abrazo y un _____ . También nos damos un _____ o solamente nos estrechamos la _____ .

3. Muestra a tus compañeros cómo saluda un soldado a un general y cómo saludas a la bandera.

4. Escribe tres expresiones que utilices para saludar y tres expresiones para despedirte.

SALUDO	DESPEDIDA
¡Hola!	¡Hasta la vista!
_____	_____
_____	_____
_____	_____

Nos preparamos

◆ **Comunica a tus compañeros de equipo lo que hiciste el domingo.**

- → Primero, hazlo sin hablar; utiliza la mímica o dibujos.
- → Después, platica lo que hiciste el domingo.
- → Discute con tus compañeros de qué forma te comunicaste mejor y por qué.

La lengua

◆ **En esta ilustración Luis y Ana se hablan, es decir, se comunican.**

◆ **Observa el dibujo y conversa con tus compañeros acerca de lo que pueden hacer Luis y Ana con la moneda.**

◆ **Habla con tus compañeros acerca de lo que harías si encontraras una moneda.**

◆ **Combina estas palabras de manera que cuando las escribas expresen una idea completa.**

un   abuelita   pastel   hizo   de   chocolate   mi

◆ **Lee y comenta el siguiente texto con tus compañeros.**

Cada vez que hablamos con una persona, nos comunicamos con ella. Si nos damos a entender cuando conversamos, es porque hablamos una misma lengua.

Hablar es la principal forma que tenemos para comunicarnos con los demás. Al hablar, utilizamos una **lengua**.

La lengua que hablamos también la podemos **escribir**.

La lengua que estamos empleando en este momento se llama **español**.

El español es la lengua que se habla en México. Pero en algunas regiones de nuestro país se hablan **lenguas indígenas**, como el náhuatl, el otomí, el maya, el tarahumara y otras más.

Actividades de aprendizaje

1. Escribe el nombre de las personas con las que te comunicas más seguido.

2. Di en cuál de los siguientes dibujos no se produce comunicación y por qué.

3. Comenta con tus compañeros:

--• ¿Qué lengua o lenguas utilizas cuando hablas con tus familiares, y cuál con tus amigos?
--• ¿Sabes hablar otra lengua? ¿Cuál?

4. Imagina que existe una lengua en la que todas las palabras terminan en u. Con tus compañeros de equipo inventa y escribe un pequeño diálogo en esa lengua.

5. Juega con tus compañeros a ¡dígalo con mímica!

--• Forma un equipo.
--• Seleccionen el título de una película que hayan visto.
--• Luego, un compañero del equipo cuenta la película al resto de los equipos, pero lo hará sin utilizar palabras ni sonidos.
--• Los demás deben adivinar el título de la película. Gana el equipo que adivine más títulos.
--• Después, comenten con sus compañeros cuál es la forma más eficaz de comunicación.

El caballero y el mozo

Un mozo que se llamaba Pedro entró al servicio de un caballero. Y aunque Pedro nunca había trabajado como criado de nadie, ponía mucho interés en aprender su nuevo oficio.

Un día, el caballero estaba platicando con unos amigos suyos y decidió llamar al mozo para burlarse de él.

—Pedro —le dijo el caballero—, quiero invitar a merendar a mis amigos. Vete ahorita mismo al mercado y compra tres kilos de uvas y tres kilos de ayes.

—¿Tres kilos de qué, señor?

—¡Tres de uvas y tres de ayes! ¿Qué no me entendiste? ¡Apúrate, que estamos esperándote!

Pedro, asustado, salió corriendo de la casa y se dirigió al mercado.

—¿Qué será eso de los ayes? —se preguntaba Pedro—. Nunca oí hablar de nada semejante.

Cuando Pedro llegó al mercado, compró rápidamente los tres kilos de uvas y le preguntó a la vendedora si tenía ayes. La vendedora lo miró malhumorada y le dijo:

—¿Tú crees que yo vine aquí a perder el tiempo? ¡Vete, no me molestes!

Pedro, sin entender lo que pasaba, se dirigió a otra vendedora.

—Bueno, bueno, muchacho... Así que quieres tres kilos de ayes... —le dijo riéndose sin parar—. Pues pregunta por todo el mercado a ver quién los tiene.

Después de un buen rato, Pedro se dio cuenta de que el caballero se había burlado de él, y decidió darle un escarmiento. Entonces agarró un buen puñado de cardos, que son hojas espinosas, y los puso dentro de la bolsa, tapando bien con ellos las uvas que había comprado.

Cuando Pedro llegó a la casa, el caballero lo llamó y le preguntó riendo:

—¿Qué pasó, Pedro? ¿Compraste lo que te encargué?

—Sí, señor —respondió—. Todo está en esta bolsa.

El caballero, lleno de curiosidad y, sin pensarlo dos veces, metió la mano dentro de la bolsa.

—¡Ay, ay! —gritó el caballero mientras sacaba la mano.

—Y debajo de los ayes están las uvas —dijo Pedro resueltamente.

Los amigos del caballero se empezaron a reír y convencieron al caballero para que no regañara a Pedro, ya que pocos podían tener un mozo tan ingenioso a su servicio.

Juan de Timoneda (adaptación).

Actividades de aprendizaje

1. **Pedro y el caballero son los personajes principales de la historia. Dibújalos en tu cuaderno.**

2. **Contesta.**

   -• ¿Crees que estuvo bien que el caballero se burlara de Pedro? _____
   ¿Por qué? _____

   -• ¿Cuándo comprendió Pedro que el caballero se había burlado de él?
   _____

   -• ¿Por qué Pedro colocó los cardos encima de las uvas?
   _____

   -• ¿Crees que estuvo bien que Pedro le diera un escarmiento al
   caballero? _____ ¿Por qué? _____
   _____

   -• ¿Qué hubieras hecho tú en lugar de Pedro? _____
   _____
   _____

   -• Compara tus respuestas con las de tus compañeros.

3. **Escribe por qué la historia se llama *El caballero y el mozo*.**

   _____
   _____

4. **¿Qué título le pondrías al texto? Subráyalo.**

   — Los vendedores del mercado.
   — Pedro y el caballero.
   — Los amigos del caballero.

Sugerencias

En los cuentos hay un **narrador** y unos personajes. El narrador es quien cuenta la historia. Prepara con tus compañeros una lectura en voz alta de esta historia. Alguno puede leer la parte que corresponde al narrador y otros, la parte de los personajes. Cuiden la entonación y el volumen de voz.

Redactamos

◆ **Inventa y dibuja en tu cuaderno dos personajes para un cuento.**

   -• Por ejemplo, puedes elegir un fantasma y una persona o un animal que te guste.
   -• Imagina qué hacen el fantasma y el otro personaje cuando se encuentran, qué sucede después y cómo termina la historia.
   -• Piensa en el lugar donde ocurren los hechos y di cómo es.

© Santillana

Ortografía

El punto

Cuando leemos, hacemos una pausa en cada punto.
Cuando escribimos, ponemos punto al final de cada oración.

Fíjate en el siguiente texto:

Punto y seguido

Párrafo

Las plantas que pueblan nuestro planeta nacen, crecen, son capaces de reproducirse y al cabo del tiempo mueren. Desde su nacimiento hasta su muerte tienen que alimentarse y respirar.

Punto y aparte

Punto y seguido

Párrafo

Nacer, crecer, alimentarse, reproducirse y morir son funciones propias de todos los seres vivos. Las plantas, los animales y nosotros mismos somos seres vivos.

Punto final

Usamos **punto y seguido** para separar dos oraciones del mismo párrafo.
Utilizamos **punto y aparte** para separar dos párrafos distintos.
Colocamos **punto final** al terminar de escribir el texto.

1. Lee en voz alta el siguiente texto.

Un alimento completo

Seguramente en las mañanas tomas un vaso de leche para desayunar, y, cuando no quieres comer otra cosa, tu mamá insiste en que tomes, aunque sea, un vaso de leche. Esto se debe a que la leche es un alimento completo.

La leche tiene calcio; el calcio sirve para que nuestros huesos y dientes sean más firmes. La leche contiene también proteínas, que fortalecen nuestros músculos. Además, en ella se encuentra materia grasa y azúcar, que nos aportan calor y energía, y, por si fuera poco, contiene mucha agua y vitaminas.

Un vaso de leche nos da tantas vitaminas como si comiéramos todo esto: hígado, verduras, nueces y huevo.

- Marca con lápiz los párrafos del texto y numéralos.
- Pinta con rojo el punto y seguido, con azul el punto y aparte y con verde el punto final.

2. Copia el primer párrafo del texto *El caballero y el mozo* y rodea los puntos.

_____

_____

_____

_____

3. Coloca los puntos donde corresponde.

Jimena abrió el paquete Adentro había un enorme libro de cuentos Todas las páginas tenían dibujos hermosos y grandes Y los relatos eran muy interesantes

La niña se sentía feliz Ese libro era el mejor regalo que había recibido

4. Completa este texto con tus datos y con lo que te gustaría hacer el día de tu cumpleaños. Pon los puntos en el lugar correcto.

Me llamo _____

y tengo _____ años.

Nací en _____ el día _____

del mes de _____ de _____

El día de mi cumpleaños me gustaría _____

_____ También me

gustaría _____

_____

Así soy yo

Para terminar

1. Platica con tus compañeros acerca de los animales que más te gustan.

-• Organiza una discusión acerca de si es conveniente o no tener animales en casa.

2. Explica a tus compañeros cómo se comunica un perro, un gato o un animal que tú conozcas.

-• Ahora explica cómo se comunican las personas.

3. Inventa un cuento en el que los personajes sean animales y escríbelo en tu cuaderno.

-• Coloca los puntos donde sea necesario.

© Santillana

15

2 VAMOS AL ZOOLÓGICO

Los zoológicos tienen espacios adecuados donde viven animales salvajes o poco comunes para que las personas puedan visitarlos. Estos niños fueron al zoológico con su maestra.

> Éste es el mayor de los animales terrestres: el elefante africano. Este elefante es mucho más grande que el elefante de la India: ¡pesa casi el doble!

1. **Presenta a un animal que te guste como si fueras la maestra o el maestro del grupo. Piensa en sus características más importantes.**

-• Fíjate en el ejemplo:

> El animal más alto de la Tierra es la jirafa. Una jirafa adulta es tres veces más alta que una persona y su cuello puede medir hasta tres metros.

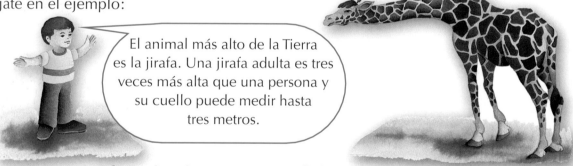

2. **Con tus compañeros de equipo, inventa cuatro adivinanzas de animales.**

-• Para hacerlas, deben pensar en las características principales de los animales. Por ejemplo:

Tengo famosa memoria,
fino olfato y dura piel
y las mayores narices
que en el mundo pueda haber.
¿Quién soy?

3. **Jueguen con los otros equipos a contestar las adivinanzas. Gana el equipo que resuelva más adivinanzas.**

La descripción de animales

Describir es explicar, en forma oral o escrita, cómo es un animal, un objeto, una persona o un lugar.

Si queremos redactar la descripción de un animal, lo primero que hacemos es observarlo cuidadosamente. Después, escribimos unas notas con las características del animal: qué tamaño tiene, cómo es su cuerpo, qué le gusta hacer; por último, redactamos la descripción y le ponemos un título.

Fíjate en las notas que escribió María sobre su gato.

Mi gato

- Se llama Moli.
- Es pequeño.
- Tiene el pelo suave y negro.
- Su pecho es blanco.
- Sus ojos son verdes.
- Le gusta la leche tibia.
- Le gusta tomar el Sol.
- Es perezoso.

1. Continúa la redacción de María.

Mi gato

Mi gato se llama Moli. Es pequeño y negro con el pecho blanco.

Tiene los ojos _____.

A Moli le gusta mucho la _____. También _____

_____

2. Escribe un texto en el que describas un animal que conozcas.

- Escribe un título y anota en orden lo que sabes de ese animal.

Título	_____
¿Qué animal es?	_____
¿Cómo se llama?	_____
¿Cómo es?	_____
¿Qué le gusta hacer?	_____

- Dibuja el animal en tu cuaderno y escribe la descripción siguiendo tus anotaciones.
- Puedes añadir o cambiar lo que quieras cuando vayas escribiendo la descripción.

Un animalito muy divertido

El coatí es un animalito que tiene las patas traseras más altas que las delanteras. Es del tamaño de un gato, más o menos, con un hocico alargado y los ojos negros y pequeños. Cuando va a cazar, arquea su cola en el aire, la mantiene en alto y no la baja hasta que su excelente olfato haya encontrado algún rastro.

Sus alimentos preferidos son los plátanos, los huevos de aves y los ratones, pero tiene buen diente y come de todo. Su hocico largo es muy adecuado para explorar; lo mete en hoyos y hendeduras en busca de insectos y larvas. Cuando el alimento escasea, con su hocico abre surcos en la tierra como lo hace un puerco cuando busca comida. Puede doblar el hocico o mantenerlo tieso.

El coatí rojo vive en las selvas de Sudamérica y el de nariz blanca, en México y América Central. Ambos forman parte de la familia del mapache.

El coatí es un animal muy aseado. Con las patas se lava la cara en los arroyos y se peina la piel con las garras. Puede sentarse sobre sus patas traseras como lo hacen otros animales de su especie.

El coatí hembra puede tener de tres a cuatro crías a un tiempo. Las cuida celosamente hasta que crecen lo suficiente para unirse a la manada. El coatí macho casi siempre caza solo, aunque a veces se junta con otros machos para ir de cacería.

Generalmente, los animales no hacen ruido cuando buscan alimento, pero no ocurre así con el coatí. Éste arma un gran escándalo y el ruido que hace parece inmovilizar a su presa. Cuando los coatíes cazan en manada, la mitad sube a los árboles para ahuyentar a los animales que se esconden ahí, y el resto se queda abajo para cazar a los moradores del suelo.

Los coatíes son muy curiosos y les gusta meterse en todo. Además, son muy pendencieros y muy valientes. ¡Qué divertido es observar al coatí en el zoológico! Es un animal inquieto y latoso que vive de día. Pero ¡cuidado con ese hocico largo! Es capaz de sacarlo entre los barrotes de su jaula y robarte la bolsa de los cacahuates.

Helen Hoke. *Mamíferos tropicales* (adaptación).

Actividades de aprendizaje

1. Subraya el título que expresa mejor el contenido del texto.

- La familia del mapache.
- El coatí de nariz blanca.
- El coatí.
- Animales salvajes.

2. Comenta con tus compañeros de equipo.

- ¿Cómo es el coatí?
- ¿De qué se alimenta?
- ¿Dónde vive?
- ¿Cómo obtiene su alimento?

Trabajo en equipo

Elaboren un esquema con los datos de un animal que les guste.

Busquen los datos en algún libro de animales o en una enciclopedia.

Presenten el esquema al grupo.

3. Completa el esquema.

El coatí

Cómo es
Mediano, con hocico alargado, _____

Alimentación
Plátanos, _____

Manera de obtener alimento
Mete el hocico en _____

Lugar donde vive
_____

Otros datos
_____

Nos preparamos

◆ **Escribe en tu cuaderno lo siguiente:**

- Una oración en la que afirmes algo del coatí.
- Otra oración en la que niegues algo del mismo animal.
- Una pregunta acerca del coatí de nariz blanca.
- Una oración en la que expreses algo de este animalito que te cause sorpresa.

◆ **Compara tus oraciones con las de tus compañeros.**

Clases de oraciones

◆ **Lee la siguiente historieta.**

Boda cancelada

1 El piojo y la pulga se quieren casar.

2 Por falta de trigo no se casarán.

3 ¿Dónde están los novios? ¿Qué pasa?

4 ¡Se los comieron la gallina y sus pollos!

◆ **Escribe:**

--• Una oración de la historieta en la que se afirma algo. _____

--• Una oración en la que se pregunta algo. _____

--• Una oración en la que se niega algo. _____

• Una oración en la que se exprese sorpresa. _____

◆ **Ahora, escribe oraciones en las que expreses órdenes.**

_____   _____

◆ **Lee y comenta el siguiente texto con tus compañeros.**

Las oraciones, según lo que queremos expresar, pueden ser:

--• **Declarativas.** Se utilizan para afirmar o negar algo. Ejemplos:
Afirmativa: Sé dónde hay dragones.
Negativa: No sé dónde hay dragones.

--• **Interrogativas.** Se emplean para preguntar algo. Ejemplo: ¿Sabes dónde hay dragones?

--• **Exclamativas.** Se usan para expresar admiración, sorpresa, alegría, miedo, tristeza. Ejemplo: ¡Mira, un dragón!

--• **Imperativas.** Se utilizan para expresar órdenes o súplicas. Ejemplos: Esconde al dragón. ¡Cómprame un dragón!

La entonación que damos a las oraciones, cuando hablamos o leemos en voz alta, depende de lo que queremos expresar.

Actividades de aprendizaje

1. Lee el siguiente texto en voz alta, con la entonación adecuada.

¿Quién anda ahí?

Inés estaba en su cuarto envolviendo los regalos de Navidad. De repente, se abrió su puerta.
—¿Quién es?
La niña no escuchó respuesta alguna.
—¿Mamá, eres tú? ¡Contéstame!
No le contestaron. De pronto, vio algo moverse en el suelo.
—¡Ay, un ratón! ¡Mamá, ayúdame!
La mamá de Inés llegó con un palo.
—¡Estáte quieta, Inés! No te muevas para nada. Voy a matar al ratón.
—¡No lo mates, por favor! —suplicó la niña—. Te ayudo a atraparlo.
Inés y su mamá no pudieron atrapar al ratón. El animalito salió asustado al oír tantos gritos.

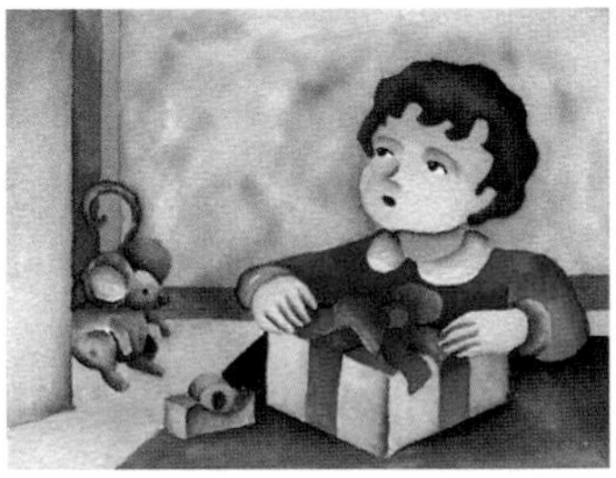

2. Localiza en el texto dos oraciones de cada clase y escríbelas.

Declarativas

Afirmativas	Negativas
____________________	____________________
____________________	____________________
____________________	

Interrogativas	Exclamativas
____________________	____________________
____________________	____________________

Imperativas

____________________ ____________________

3. Inventa y escribe una oración de cada clase.

Declarativa ______________________________

Interrogativa ______________________________

Exclamativa ______________________________

Imperativa ______________________________

Un animal que hace "gnef"

Una tarde, cuando Per y el pequeño Mads regresaban de la escuela, notaron que algo se movía detrás de un arbusto.

—Mira —dijo Per—. Ahí hay algo que se mueve.

Los niños se detuvieron a escuchar atentamente.

—A lo mejor es un carnero —dijo Mads—. Será mejor tener cuidado.

—¿Tú crees que los carneros bufan así? —dijo Per—. Los carneros balan.

—Bueno, es posible —concedió Mads.

Los niños volvieron a escuchar. Se seguía notando movimiento en el arbusto. De pronto, algo dijo:

—¡Gnef!

—¿Oíste! —susurró Per emocionado—. Dijo "gnef".

—A lo mejor es un cerdo —apuntó Mads.

—No —dijo Per—. Los cerdos gruñen, y roncan y dicen "oink, oink" y cosas así, pero nunca dicen "gnef".

—¡Gnef, gnef...! —volvió a oírse.

—Oye, Mads —musitó Per—. Seguramente es algo peligroso.

En ese momento se separó la hierba y salió un puerco espín.

—¡Gnef! —dijo.

—¡Mira! —exclamó Mads—. Un puerco espín. Justo lo que necesitábamos.

—¿Para qué lo necesitamos? —preguntó Per un tanto nervioso.

—Pues para hacer un zoológico —contestó Mads—. Es precioso.

Entonces el pequeño Mads sacó los libros de su mochila y la colocó abierta delante del hocico del puerco espín.

—Vamos, entra —le dijo.

—¡Gnef! —gruñó el puerco espín pasando de largo.

—Prueba a decirle "gnef" —dijo Per—. A lo mejor así te entiende.

—"Gnef" —dijo Mads—, entra, "gnef, gnef". Por fin, el puerco espín entró en la mochila.

—¡Bravo! —gritó Mads—. Ya tenemos el primer animal de nuestro zoológico. Lo llevaremos a mi casa.

Presumiendo como un pavo real, el pequeño Mads empezó a caminar llevando el puerco espín en la mochila. Per iba detrás con los libros de su amigo en la cabeza.

—Antes que nada —dijo Mads cuando entraron en la casa— tenemos que darle algo de comida. Vamos a dejarlo en el sillón, para que esté cómodo mientras vamos a la cocina por un plato con leche.

Y así lo hicieron. En eso estaban cuando llegó a casa el padre de Mads.

—¡Qué gusto me da llegar a la casa y poder descansar un poco antes de regresar al trabajo! —dijo.

Se quitó el saco, tomó su libro preferido y se sentó en el sillón. De repente, los niños oyeron un aullido terrible.

—¿Escuchaste? —susurró Per—. ¡Un monstruo!

El pequeño Mads dejó el plato con leche.

—No es exactamente un monstruo —dijo—. Pero creo que será mejor hacer otro día el zoológico.

Y como dos ratones nerviosos, los niños desaparecieron por la ventana de la cocina.

Ole Lund Kirkegaard. *Per y el diablillo de Mads* (adaptación).

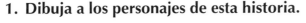

Actividades de aprendizaje

1. Dibuja a los personajes de esta historia.

Cuando quieras escribir una historia o un cuento, recuerda que lo puedes dividir en tres partes.

- **El principio**, que es donde se presentan los personajes y sucede algo que da origen al cuento.
- **El desarrollo**, que es la parte donde suceden la mayoría de las acciones.
- **El desenlace**, que es el final del cuento.

2. Numera los dibujos siguiendo el orden en que pasó la historia.

3. Contesta:

--• ¿Cómo comienza la historia? _____

_____

--• ¿Qué hacen Per y Mads con el puerco espín? _____

_____

--• ¿Cómo termina la historia? _____

_____

4. Comenta con tus compañeros:

--• ¿Por qué los niños ya no hicieron el zoológico?
--• ¿Qué crees que pasó cuando Mads regresó a su casa?
--• Si tú hicieras un zoológico, ¿qué animales podrías tener? ¿Por qué?

Redactamos

◆ **Escribe un cuento acerca de un niño y un perrito que se perdió. Antes de escribir, piensa y contesta:**

--• ¿Qué ocurrió un día?   --• ¿Qué hizo entonces el niño?   --• ¿Qué pasó al final?

◆ **Pasa en limpio tu cuento, ilústralo y léelo a tus compañeros.**

Ortografía

Los signos de interrogación y de admiración

Los **signos de interrogación ¿?** se ponen al principio y al final de las preguntas.

-→ Se escribe **¿** al principio de la pregunta.
-→ Se escribe **?** al final de la pregunta.

¿Tú crees que los carneros bufan así?

Las oraciones interrogativas se escriben entre signos de interrogación.

Los **signos de admiración ¡!** se ponen al principio y al final de las exclamaciones.

-→ Se escribe **¡** al principio de la exclamación.
-→ Se escribe **!** al final de la exclamación.

¡Mira, un puerco espín!

Las oraciones exclamativas se escriben entre signos de admiración.

1. Pon los signos de interrogación que faltan.

Cómo se llama esa planta

Se llama girasol.

Por qué se llama así

Porque su flor siempre mira al Sol.

2. Escribe en cada caso una oración interrogativa adecuada a la respuesta. Fíjate en el ejemplo.

ORACIÓN INTERROGATIVA	RESPUESTA
-→ ¿Cuántos años tienes?	Tengo siete años.
-→ _____	Vivo en Guadalajara.
-→ _____	Son las cuatro de la tarde.
-→ _____	Me llamo Adriana Méndez.
-→ _____	No, no quiero ir.
-→ _____	Sí, me gustan mucho.

© Santillana

3. Transforma las siguientes oraciones declarativas en exclamativas.

-→ Tengo mucho miedo.   ¡Qué miedo tengo!

-→ Hace mucho frío.   _____

-→ Tengo mucha sed.   _____

-→ Hace calor.   _____

4. Escribe una exclamación adecuada para cada dibujo.

--- Para terminar ---

1. Organiza un concurso de cuentos escritos en forma colectiva. Cada equipo puede elegir uno de estos temas o proponer otro que le interese.

-→ ¿Por qué las jirafas tienen el cuello tan largo?
-→ ¿Por qué la ballena es tan grande?
-→ ¿Por qué las cebras tienen la piel rayada?

2. Describan al animal que eligieron.

3. Imaginen lo que pudo pasarle al animal para ser así y ordenen sus ideas en un esquema como el siguiente:

Título del cuento

Los personajes

Las acciones

Qué ocurrió primero.

Qué pasó después.

Qué ocurrió al final.

4. Redacten el cuento. Utilicen correctamente los signos de interrogación y los signos de admiración en los diálogos.

-→ Revisen el cuento que escribieron. Pásenlo en limpio, ilústrenlo y preséntenlo al grupo.
• Elijan los mejores cuentos y publíquenlos en el periódico mural de la clase.

Taller 1 La historieta

1. Esta historieta cuenta parte de un cuento titulado *La apuesta*. Observa los dibujos y lee con atención los textos.

Las **historietas** narran algo breve y divertido, como un cuento, un chiste o una anécdota, por medio de dibujos y textos.

Si queremos hacer una historieta, es necesario:

- Pensar qué nos gustaría contar con dibujos y palabras: un cuento, una aventura, un chiste...
- Decidir en cuántas partes queremos dividir la historieta.
- Hacer los dibujos correspondientes a cada parte.
- Escribir lo que dice cada personaje dentro de un globo.

2. Completa la historieta.

-→ Observa los dibujos y escribe lo que crees que dice cada personaje.

3. Lee esta historia.

El caballo de madera

Un día, un viejo mago paseaba por la feria de un pueblo cuando se encontró en el suelo un caballito de madera. El caballo decía:

—¡Ay! Ya no sirvo para nada.

El mago sintió pena y le dijo al caballito que le concedería un deseo.

Lo que más deseaba el caballito era trotar como un caballo de verdad. El mago dijo unas palabras mágicas y, al instante, el caballito salió trotando hacia la pradera.

En las historietas, los textos se colocan en los siguientes tipos de globos:

* Lo que dice cada personaje se coloca en un globo como éste:

4. Transforma la historia del caballito de madera en historieta.

- Haz los dibujos en cada cuadro.
- Encierra en un globo lo que dice cada personaje.

No estés triste. Yo puedo ayudarte.

¡Ay! Ya no sirvo para nada.

* Los pensamientos de los personajes aparecen en globos como el siguiente:

* Los gritos, exclamaciones y ruidos se encierran en un globo como éste:

5. Piensa en algún chiste que sepas o en algo divertido que te haya sucedido. Cuéntalo en forma de historieta.

1. Comenta con tus compañeros:

- ¿Cuál es el misterio que compró Martín?
- ¿Por qué crees que se trata de un misterio?
- ¿Para qué le puede servir?
- ¿De qué objeto se trata? ¿Cómo es?
- ¿De qué crees que está hecho? ¿Cuántas partes tiene?

2. Elige uno de los objetos que se pegaron al imán de Martín y di para qué sirve.

- Explica cómo es: qué forma tiene, de qué está hecho, qué partes tiene...

La descripción de objetos

Describir un objeto es **explicar**, en forma oral o escrita, cómo es ese objeto.

Para describir un objeto primero decimos qué es y para qué sirve. Después explicamos cómo es: la forma que tiene, su tamaño y color, de qué material está hecho, de qué partes consta...

Antes de redactar la descripción, es conveniente elaborar unas notas con las características del objeto.

1. Observa este objeto y descríbelo. Toma en cuenta las notas.

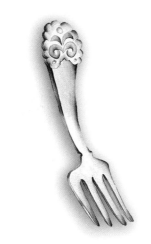

Tenedor

Sirve para llevarse los alimentos a la boca.
Es un objeto pequeño, comparado con una mesa.
Es de metal.
Es de color plateado.
Tiene dos partes:
— una más ancha, de metal con cuatro púas.
— un mango con adornos.

El tenedor

El _____ sirve para _____. Es un objeto que está hecho

de _____ , de color _____. Tiene dos partes: _____

_____ .

2. Elige uno de los siguientes utensilios de cocina y descríbelo.

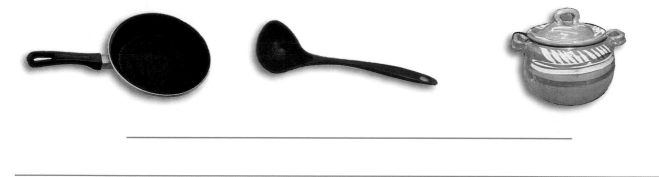

_____

_____

_____

_____

3. Elige un objeto de tu salón de clase y descríbelo sin decir su nombre. Tus compañeros deben adivinar de qué objeto se trata.

El imán

Seguramente has visto figuras "pegadas" en el refrigerador de alguna casa. A lo mejor, en la puerta del refrigerador de tu casa se encuentra "pegado" un conejo comiéndose una zanahoria o hay un calendario o una simple tarjeta con el teléfono de la pizzería. Estos objetos están unidos a la puerta metálica por medio de una pequeña barra. Esa barra es un imán. Pero, si tú intentas "pegarlos" en una ventana o en una puerta de madera, no lo vas a conseguir. Esto se debe a que el imán no se une al vidrio ni a la madera.

El imán atrae al hierro, al acero y a otros metales mediante una fuerza llamada **magnetismo**. Si acercas monedas de zinc a la punta de un imán, ¡zaz!, quedan pegadas. Si el imán toca un montoncito de alfileres, inmediatamente se levantan. Y tanto las monedas como los alfileres se desprenderán del imán solamente si les damos un jaloncito.

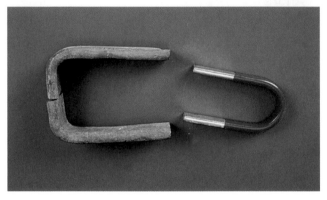

El imán también funciona como una fábrica de imanes. Por ejemplo, si un clavo permanece "pegado" un rato en un imán, el clavo se convertirá durante algún tiempo en otro imán capaz de atraer tornillos, tachuelas o papel metálico.

Además de atraer metales, los imanes se atraen entre sí y se quedan pegadísimos... o se rechazan, como si no tuviesen nada que ver el uno con el otro. Esto tiene una explicación, veamos: un imán puede tener forma de herradura o de barra; de cualquier manera, tiene dos extremos, uno llamado polo norte y otro, polo sur. ¿Qué pasa si acercas el polo norte de un imán al polo norte de otro imán? Se rechazan. ¿Y si acercas el polo sur al polo sur? ¡Ocurre lo mismo! En cambio, si acercas el polo norte al polo sur, los imanes se atraen el uno al otro con fuerza. Como ves, los polos de distinto nombre se atraen, y los del mismo nombre se rechazan.

Ahora, lo más práctico sería que consiguieras unos imanes y los vieras actuar.

Beatriz Ferro. *El imán* (adaptación).

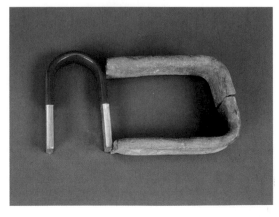

Actividades de aprendizaje

1. Marca con una ✔ la ilustración que indica de qué trata el texto.

☐ ☐ ☐

2. Observa con tus compañeros de equipo cómo se comporta un imán y contesta:

--• ¿Dónde pueden "pegar" el imán? _____

_____

--• ¿Qué objetos pueden atraer con el imán? _____

_____

_____

--• ¿Cómo podrían convertir, durante algún tiempo, un tornillo en un imán? _____

_____

--• ¿Cómo se comporta el imán si lo acercan a otro imán? _____

_____

--• ¿Cómo es el imán que tienen? _____

_____

3. Revisa el texto _El imán_ y comenta con tus compañeros si su contenido responde las preguntas anteriores.

--• Di qué otra información te aporta el texto.

Nos preparamos

◆ **Ordena estas palabras y forma una oración con cada serie.**

forma ⟨ tiene ⟩ ⟨imán⟩ Este ⟨ herradura ⟩ ⟨de⟩

imán ⟨unen⟩ ⟨se⟩ ⟨clavos⟩ Los ⟨al⟩

navegantes ⟨orienta⟩ ⟨a⟩ ⟨los⟩ ⟨brújula⟩ La

El sujeto y el predicado de la oración

◆ **El siguiente texto está formado por seis oraciones. Cada oración empieza con mayúscula y termina con punto. Localízalas.**

Los animales nocturnos

La noche llegó al bosque. Los animales nocturnos inician sus actividades. Esos animales tienen unos sentidos muy desarrollados.

El murciélago emite ultrasonidos para guiarse. El gato salvaje y el búho utilizan su excelente vista. El jabalí usa su olfato y su fino oído.

◆ **Escribe las oraciones y anota de quién se habla en cada una.**

ORACIÓN		DE QUIÉN SE HABLA
La noche llegó al bosque.	⇨	La noche
	⇨	
	⇨	
	⇨	
	⇨	
	⇨	

◆ **Ahora, di a tus compañeros lo que se dice de ellos. Por ejemplo:**

¿Qué se dice de la noche? → Que **llegó al bosque**.

◆ **Comenta con tus compañeros de equipo la siguiente información.**

Nos comunicamos mediante **oraciones** que expresan nuestras ideas y sentimientos.

Las oraciones están formadas por **palabras** colocadas en orden.

Cuando construimos una oración, decimos algo de una persona, un animal o una cosa.

→ La persona, el animal o la cosa de la que decimos algo es el **sujeto** de la oración.
→ Lo que decimos del sujeto es el **predicado** de la oración.

Por ejemplo: Ricardo se perdió en el bosque.

Sujeto → Ricardo (de quien decimos algo).

Predicado → se perdió en el bosque (lo que decimos del sujeto).

Las oraciones tienen dos partes: el **sujeto** y el **predicado**.

Actividades de aprendizaje

1. **Este mensaje está formado por cuatro oraciones. Escribe cada oración en una línea aparte.**

> *Mi embarcación naufragó. Me encuentro en una isla abandonada. La brújula me indica que la isla está en el oeste. Necesito ayuda.*

_____

_____

_____

_____

2. **Forma oraciones. Une cada sujeto con el predicado que le corresponde.**

SUJETO	PREDICADO
El payaso	se cayó del caballo.
El jinete	anidaron bajo mi balcón.
Las golondrinas	hizo reír a los niños.

3. **Subraya con rojo el sujeto y con azul el predicado de cada oración.**

   -• Los esquimales viven en las costas de Groenlandia.
   -• Groenlandia es la isla más grande del mundo.
   -• Esta isla está casi siempre cubierta de nieve.

4. **Escribe tres oraciones que expliquen lo que ocurre en los siguientes dibujos.**

  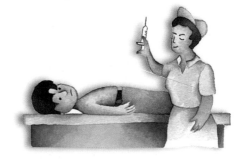

   -• _____
   -• _____
   -• _____

Margarita

Margarita, está linda la mar,
y el viento
lleva esencia sutil de azahar;
yo siento
en el alma una alondra cantar:
tu acento.
Margarita, te voy a contar
un cuento.

Éste era un rey que tenía
un palacio de diamantes,
una tienda hecha del día
y un rebaño de elefantes.

Un kiosco de malaquita,
un gran manto de tisú,
y una gentil princesita,
tan bonita,
Margarita,
tan bonita como tú.

Una tarde la princesa
vio una estrella aparecer;
la princesa era traviesa
y la quiso ir a coger.

La quería para hacerla
decorar un prendedor,
con un verso y una perla,
una pluma y una flor.

Las princesas primorosas
se parecen mucho a ti.
Cortan lirios, cortan rosas,
cortan astros. Son así.

Pues se fue la niña bella,
bajo el cielo y sobre el mar,
a cortar la blanca estrella
que la hacía suspirar.

Y siguió camino arriba,
por la Luna y más allá;
mas lo malo es que ella iba
sin permiso del papá.

Cuando estuvo ya de vuelta
de los parques del Señor,
se miraba toda envuelta
en un dulce resplandor.

Y el rey dijo: "¿Qué te has hecho?
Te he buscado y no te hallé;
y ¿qué tienes en el pecho,
que encendido se te ve?"

La princesa no mentía,
y así, dijo la verdad:
"Fui a cortar la estrella mía
a la azul inmensidad."

Y el rey clama: "¿No te he dicho
que el azul no hay que tocar?
¡Qué locura! ¡Qué capricho!
El Señor se va a enojar."

Y dice ella: "No hubo intento:
yo me fui no sé por qué;
por las olas y en el viento
fui a la estrella y la corté."

Y el papá dice enojado:
"Un castigo has de tener:
vuelve al cielo, y lo robado
vas ahora a devolver."

Rubén Darío. *A Margarita Debayle* (fragmento).

Actividades de aprendizaje

1. **Compara el poema de Rubén Darío con el texto de la página 30 y comenta con tus compañeros:**

   - ¿Cómo utiliza los renglones el autor del poema y de qué forma agrupa el texto?
   - ¿Cómo está distribuido el texto de la página 30?
   - ¿Qué diferencias se pueden apreciar a simple vista entre ambos textos?

2. **Lee en voz alta el poema *Margarita*. Da la entonación adecuada a tu lectura y usa un volumen de voz suficiente.**

3. **Observa:**

   El poeta le cuenta un cuento, pero lo hace de manera diferente. Cuando lo leemos, parece como si tuviera música y esto se debe a que el poeta le da ritmo. Una de las manera que usa para darle ritmo a su texto consiste en repetir el sonido de las últimas palabras de algunos versos.

   - Fíjate en las palabras mar, azahar y contar. ¿Qué sonidos se repiten?
   - Ahora, localiza en el poema otras palabras cuyas terminaciones suenen igual y escríbelas.

ac**ento**	cu**ento**	_____	_____
_____	_____	_____	_____

4. **Organiza con tus compañeros una lectura coral del poema.**

   - Dividan el poema en varias partes. Algunas pueden ser leídas por un narrador. Otras, por un coro formado por cuatro o cinco voces diferentes. Una voz será la del rey y otra, la de la princesa.
   - Ensayen la lectura varias veces. Después, grábenla para escucharla y corregir los errores. Finalmente, lean el poema a otro grupo.

Sugerencias

Los poemas se distinguen porque están escritos en **verso**.

Observa que el autor de este poema sólo utiliza una parte del renglón para escribir; cada renglón es un **verso**. Además, algunos poetas agrupan sus versos en conjuntos llamados **estrofas**.

Comenta con tus compañeros cuántos versos tiene el poema *Margarita*. Menciona cuántas estrofas lo forman y cuántos versos tiene cada estrofa.

Redactamos

◆ **Dibuja en tu cuaderno el prendedor de la princesa y descríbelo.**

- Ahora, escribe en tu cuaderno el poema *Margarita*, pero de la forma en que están escritos la mayoría de los cuentos. Añádele las palabras que sean necesarias e inventa un final.
- Revisa tu texto, corrige los errores, pásalo en limpio e ilústralo.
- Intercambia tu cuento con tus compañeros de equipo y diles lo que opinas de sus textos.

Ortografía

La r y la rr

La **r** tiene un sonido suave y otro fuerte.

El sonido **r suave** se representa con **r** cuando está entre vocales; ejemplos: oro, mariposa, marinero.

El sonido **r fuerte** se representa con **r** o **rr** (doble erre) en los siguientes casos:

-→ Se escribe **r** al principio o al final de una palabra o después de consonante. Ejemplos: **R**ené, En**r**ique, ma**r**.

-→ Sólo se escribe **rr** entre dos vocales. Ejemplos: coto**rr**o, ca**rr**eta, zo**rr**a.

1. Escribe las siguientes palabras con doble r.

Con r	Con rr		Con r	Con rr
caro ⇨	carro		pero ⇨	_____
pera ⇨	_____		cero ⇨	_____
coro ⇨	_____		cerillo ⇨	_____

-→ Comenta con tus compañeros qué sucedió con el sonido y el significado de cada palabra.

2. Rodea las palabras que tienen r y rr.

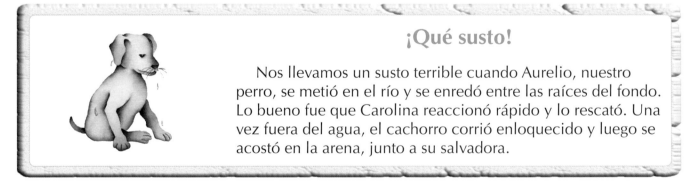

¡Qué susto!

Nos llevamos un susto terrible cuando Aurelio, nuestro perro, se metió en el río y se enredó entre las raíces del fondo. Lo bueno fue que Carolina reaccionó rápido y lo rescató. Una vez fuera del agua, el cachorro corrió enloquecido y luego se acostó en la arena, junto a su salvadora.

3. Pronuncia las palabras que rodeaste y clasifícalas.

Palabras con r suave _____
_____

Palabras con r fuerte
Al principio de la palabra ⇨ _____
Después de consonante ⇨ _____
Entre vocales ⇨ _____

4. Completa este crucigrama de animales.

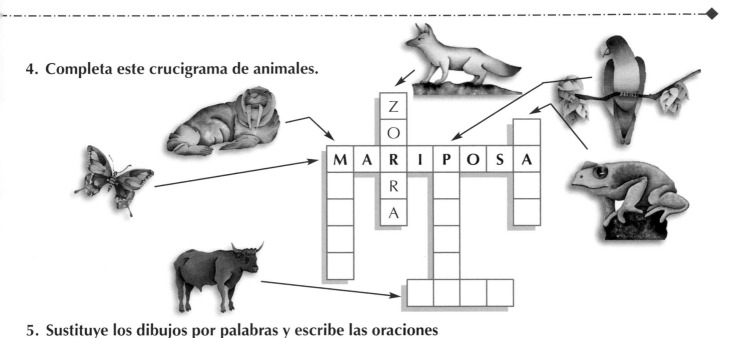

5. Sustituye los dibujos por palabras y escribe las oraciones

El se escondió en la .

La 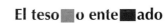 de la  se rompió.

_____

_____

6. Completa con r o con rr. Escribe el texto en tu cuaderno.

El teso■o ente■ado

■aúl subió el ce■o co■iendo lo más ■ápido que pudo. Tenía que encont■a■ a Ma■iana y avisa■le que había encont■ado un pequeño ba■il de madera ente■ado muy cerca del a■oyo. No lo había podido destapa■ y estaba segu■o de que contenía un teso■o. ¿Antiguas monedas de o■o, pied■as p■eciosas o sólo ■amas y tie■a?

Para terminar

1. Elige uno de los siguientes objetos y descríbelo.

2. Escribe por separado las oraciones del siguiente texto. Subraya con rojo el sujeto y con azul el predicado de cada oración.

Raúl y Mariana destaparon el barril con mucho cuidado. Los niños abrieron los ojos sorprendidos. El barril estaba lleno de monedas antiguas.

3. Escribe con tus compañeros de equipo un cuento que se titule "El tesoro enterrado".

4 UNA PERSONA ESPECIAL

En el circo trabajan el domador, los acróbatas, los malabaristas, los trapecistas, los payasos... Son personas que se distinguen por su valentía, habilidad, gracia... También se destacan por su estatura, su fuerza, su belleza; por la forma en que se visten y por las cosas que hacen. Ya sean hombres o mujeres, tienen algo que los convierte en personas especiales.

1. Elige, con tus compañeros de equipo, uno de los personajes del circo.

-• Observen cuidadosamente al personaje y contesten:

— ¿Quién es?   — ¿Cómo es?
— ¿Qué hace?   — ¿Cómo está vestido?

-• Presenten al personaje y descríbanlo.

2. Comenta con tus compañeros cuáles son los números del circo qué más te gustan y por qué.

-• Anuncia algún número del circo como si tú fueras el presentador.

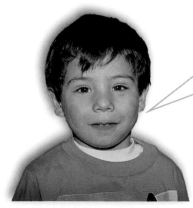

¡Señoras y señores! ¡Niñas y niños! Con ustedes el mejor mago del mundo: ¡Marc!

La descripción de personas

Todos somos seres especiales. Tenemos algo que nos distingue de los demás.

Cuando **describimos a una persona** explicamos, en forma oral o escrita, cómo es esa persona; es decir, qué tiene de especial.

Para redactar la descripción de una persona, primero necesitamos observarla cuidadosamente. Después, redactamos unas notas con sus características físicas: qué estatura tiene, cuál es su complexión, cómo es su pelo, sus ojos, su nariz y su boca. También anotamos su manera de ser, lo que la distingue de las demás personas y la forma en que está vestida. Finalmente, empleamos las notas para redactar la descripción y le ponemos un título.

1. Utiliza las notas que aparecen junto al marinero y redacta su descripción.

Cómo es su aspecto físico	Cómo es su manera de ser	Cómo está vestido
--• Alto y gordo. --• Pelo largo y rizado. --• Bigote tupido. --• Barba larga. --• Ojos pequeños y negros. --• Nariz grande y boca pequeña.	--• Alegre. --• Trabajador. --• Platicador. --• Desordenado. --• Muy valiente. --• Fuma pipa.	--• Gorra azul. --• Playera blanca de manga larga con rayas rojas. --• Pantalón azul. --• Botas cafés.

El marinero

Pepe es un marinero alto y gordo. Tiene _____

_____

_____

_____

2. Observa a un compañero. Escribe en tu cuaderno unas notas con sus características.

--• Ahora redacta la descripción de tu compañero. No olvides escribir el título.

_____

_____

_____

_____

3. Lee tu descripción en voz alta, pero no menciones a quién describiste. Tus compañeros tienen que adivinar de quién se trata.

Valentina Tereshkova, la gaviota cosmonauta

En 1991, un país llamado Unión de Repúblicas Soviéticas Socialistas (URSS) se dividió en varias repúblicas independientes. Antes de que esto ocurriera, ya tenía un Centro de Entrenamiento para Cosmonautas que se encargaba de preparar a los jóvenes que deseaban convertirse en viajeros del espacio.

En 1961, muchas jóvenes soviéticas enviaron su solicitud para ingresar en el Centro. Entre estas jóvenes se encontraba una experimentada paracaidista llamada Valentina Tereshkova.

A principio de 1962 Valentina fue admitida, junto con otras jóvenes, en el Centro de Entrenamiento para Cosmonautas de "La ciudad del espacio".

Las jóvenes tuvieron que realizar durísimos entrenamientos y someterse a pruebas muy difíciles. Valentina superó con éxito todas las pruebas y resultó elegida para guiar la nave espacial *Vostok VI*. Esta nave tenía que realizar un vuelo conjunto con la cápsula *Vostok V*, tripulada por el cosmonauta Bikovski.

La cápsula *Vostok V* fue lanzada al espacio el 14 de junio de 1963, y el 16 de junio salió la nave *Vostok VI*, conducida por Valentina Tereshkova, quien se convirtió en la primera mujer que realizaba un viaje espacial.

El primer mensaje que Valentina envió a la Tierra desde su nave espacial fue: "Soy una gaviota, una gaviota. Veo en el horizonte una raya azul. ¡Es la Tierra! ¡Qué hermosa! Todo marcha bien".

El viaje de Valentina fue un éxito. La joven manejó su nave, tomó fotografías y habló con su compañero Bikovski. Después de permanecer setenta y una horas en el espacio y de dar cuarenta y ocho vueltas a nuestro planeta, aterrizó en la URSS en el lugar previsto.

A los pocos meses de su regreso a la Tierra, Valentina Tereshkova se casó con el astronauta Andrian Nicolaiev; éste había tripulado la nave *Vostok III* y Valentina lo había conocido en "La ciudad del espacio".

En 1964 nació Alenka, llamada el bebé espacial por ser hija de dos astronautas.

El nacimiento de Alenka pareció probar que el organismo humano no sufre alteraciones graves en los viajes espaciales.

Carlos Asorey (adaptación).

Actividades de aprendizaje

1. Marca con una ✔ de qué trata el texto.

☐ De la separación de la Unión de Repúblicas Soviéticas Socialistas.

☐ De la primera mujer que viajó al espacio.

☐ De la vida en "La ciudad del espacio".

Trabajo en equipo

Imaginen que la nave *Vostok VI* fue lanzada hoy al espacio y que ustedes son reporteros de algún periódico. Escriban la noticia y léanla a sus compañeros. Después, den la noticia como si la transmitieran por televisión o por el radio.

2. Elige un título para este texto y subráyalo.

-➡ La primera mujer cosmonauta.   -➡ El bebé espacial.

-➡ La nave *Vostok VI*.   -➡ La aventura de Valentina.

◆ Ahora inventa tú otro título y escríbelo.

_____

3. Completa el esquema.

Lo que hizo Valentina Tereshkova

En 1961	Envió su solicitud al _____
En 1962	_____
En 1963	_____
En 1964	_____

4. Comenta con tus compañeros.

-➡ ¿Por qué Valentina fue elegida para tripular la nave *Vostok VI*?

-➡ ¿Cómo te imaginas que era Valentina? ¿Qué tenía de especial?

-➡ ¿Qué te gustaría ser de grande? ¿Por qué?

-➡ ¿En qué consistiría tu trabajo?

-➡ ¿Qué otras cosas te gustaría hacer?

Nos preparamos

◆ **Subraya las palabras que nombran personas, animales o cosas.**

Valentina   nave   hermosa   sillón   volarás   libros   hacia   rana

después   astronauta   tripulado   bebé   libro   leones   viajamos

Gramática

El sustantivo y sus clases

◆ **Di el nombre de los objetos que aparecen en la ilustración.**

-• Escribe los nombres de otros objetos que podría haber en la habitación de la niña.

_____

-• ¿Cómo podría llamarse la niña? Anota tres nombres posibles.

_____

-• ¿Qué animales podría tener la niña en su casa? Escribe los nombres que le pondría a sus mascotas.

_____

◆ **Escribe cuatro nombres de personas, animales, objetos y plantas.**

_____

◆ **Anota cuatro nombres propios de personas, animales y lugares.**

_____

◆ **Lee el siguiente texto y coméntalo con tus compañeros de equipo.**

Observa que la palabra **libro** se emplea para nombrar un **objeto**. Las palabras que nombran objetos son **sustantivos**. Por tanto, la palabra libro es un sustantivo.

También son **sustantivos** las palabras que nombran **personas**, **animales**, **plantas**, **sentimientos**... Ejemplos: mujer, niño, perro, pájaro, rosal, trébol, amor, alegría.

Ahora fíjate en el sustantivo **niña**. El sustantivo niña sirve para nombrar a cualquier niña; es un **sustantivo común**. En cambio, la palabra _Valentina_ sirve para nombrar a una niña determinada; es un **sustantivo propio**.

-• Los sustantivos comunes se emplean para nombrar a cualquier persona, animal u objeto sin distinguirlos de otros de su misma especie.

-• Los sustantivos propios se usan para nombrar a una persona, un animal o un lugar distinguiéndolos de los demás de su misma especie.

Actividades de aprendizaje

1. Añade tres sustantivos más a cada serie.

Personas	⇨	abuelo, mujer, panadero,
Animales	⇨	oso, gallo, abeja,
Objetos	⇨	lápices, flores, mesa,
Plantas	⇨	pino, rosa, manzanilla,
Lugares	⇨	mercado, playa, montaña,

2. Escribe un sustantivo propio para cada personaje.

3. Subraya en el texto de la página 40 cuatro sustantivos propios. Después, escribe una oración con cada uno.

--• Valentina Tereshkova fue la primera mujer cosmonauta.

--•

--•

--•

--•

4. Localiza en la sopa de letras cuatro sustantivos comunes y cuatro propios. Clasifícalos.

M	É	X	I	C	O
Ó	X	I	K	G	L
N	I	Ñ	O	A	L
I	R	P	A	T	A
C	A	R	L	O	S
A	J	U	A	N	A

SUSTANTIVOS PROPIOS	SUSTANTIVOS COMUNES

Cuando se abre en la mañana

Cuando se abre en la mañana,
roja como sangre está.
El rocío no la toca
porque se teme quemar.
Abierta en el mediodía
es dura como el coral.
El sol se asoma a los vidrios
para verla relumbrar.
Cuando en las ramas empiezan
los pájaros a cantar
y se desmaya la tarde
en las violetas del mar,
se pone blanca, con blanco
de una mejilla de sal.
Y cuando toca la noche
blanco cuerno de metal
y las estrellas avanzan
mientras los aires se van,
en la raya de lo oscuro
se comienza a deshojar.

Federico García Lorca. *Doña Rosita la soltera* (fragmento).

Actividades de aprendizaje

1. Marca con una ✔ lo que describe el poeta.

☐ Una flor.   ☐ Un día.   ☐ Una estrella.

2. Escribe cómo es la flor y qué le pasa.

- En la mañana ⇨ Se abre y está roja como la sangre. _____
- En el mediodía ⇨ _____
- Al atardecer ⇨ _____
- En la noche ⇨ _____

3. Dibuja la flor en el momento del día que más te gusta.

4. Comenta con tus compañeros.

- ¿Por qué el rocío no toca la flor?
- ¿Qué hace el sol?
- ¿Qué le pasa a la tarde?
- ¿Qué hace la noche?
- ¿Te gusta la forma en que el poeta dice estas cosas? ¿Por qué?

5. Dibuja el blanco cuerno de metal que toca la noche.

Redactamos

◆ **Observa el dibujo y completa las comparaciones.**

- La noche es **negra**.

  Su pelo es negro como la noche. _____
- El coral es **rojo**.

  Sus labios son rojos como _____
- La sal es **blanca**.

  Sus dientes _____

Ortografía

Las mayúsculas

Escribimos con letra inicial **mayúscula**:

-→ Los nombres y apellidos de las **personas**. Ejemplos: **F**ederico **G**arcía **L**orca, **M**aría **I**nés **R**odríguez.
-→ Los nombres propios de **animales**. Ejemplos: **D**umbo, **R**oky, **K**eiko.
-→ Los nombres de **pueblos**, **ciudades**, **países**. Ejemplos: **C**hicaltepec, **M**onterrey, **M**éxico.
-→ Los nombres de **ríos**, **lagos**, **montes**, **volcanes**, **mares**, **océanos**. Ejemplos: río **P**apaloapan, lago de **C**hapala, monte **C**alvario, volcán **P**opocatépetl, mar **C**aribe, océano **P**acífico.

-→ Los nombres de **instituciones** y **organismos**. Ejemplos: **I**nstituto **M**exicano del **S**eguro **S**ocial, **O**rganización de las **N**aciones **U**nidas.
-→ Los nombres de **libros**, **revistas** y **periódicos**. Ejemplos: **E**l libro de los animales, **R**evista del consumidor, **E**xcélsior.

También escribimos con mayúscula:

-→ La **primera palabra** de un escrito y la que va **después de un punto**.

1. Lee el siguiente texto:

La granja de María Teresa

Me llamo María Teresa y vivo en Oaxaca. Tengo junto al río Mixteco una pequeña granja con tres ovejas, varios cerditos sonrosados, unas cuantas gallinas, un hermoso caballo llamado Relámpago y una simpática vaca a la que le puse por nombre Bonifacia.

Ahora, copia del texto las palabras que se piden.

-→ El nombre de una persona: _____
-→ El nombre de un animal: _____
-→ El nombre de un pueblo o ciudad: _____
-→ El nombre de un río: _____
-→ La primera palabra que escribió María Teresa: _____
-→ La palabra que aparece después de un punto: _____

2. Escribe tres nombres propios más de cada clase. Empieza con letra mayúscula.

-→ Nombres de personas. ⟶ _____
-→ Nombres de animales. ⟶ _____
-→ Nombres de pueblos o ciudades. ⟶ _____
-→ Nombres de ríos, montes o volcanes. ⟶ _____
-→ Nombres de instituciones. ⟶ _____

3. Observa los dibujos. Inventa un nombre para cada personaje y para cada lugar.

- Nombre del pastor. ⇨ _____
- Nombre del perro. ⇨ _____
- Nombre de cada oveja. ⇨ _____
- Nombre del río. ⇨ _____
- Nombre del monte. ⇨ _____

Para terminar

1. Observa nuevamente al pastor. Di a tus compañeros cómo es y cómo está vestido.

2. Fíjate de nuevo en los dibujos y contesta.

- ¿Qué ocurrió un día? ¿Qué hizo entonces la oveja negra? ¿Qué pasó al final?

3. Ahora, escribe un texto breve en el que cuentes la historia de la oveja negra. Utiliza los nombres que inventaste para cada personaje y para cada lugar.

_____

_____

_____

_____

_____

_____

- Revisa en tu texto el uso de las mayúsculas y del punto. Si es necesario, corrígelo.

Taller 2 ¡Un teatro de títeres!

1. Te proponemos que, con tus compañeros de equipo, hagas la representación teatral de un cuento con títeres.

- → Elijan el cuento que representarán y escriban los diálogos. Por ejemplo, lean de nuevo el cuento de la página 22 y completen la siguiente escena para la obra. Pueden cambiar los diálogos.
- → Fíjense en que, además de las palabras de los personajes, aparecen las indicaciones para representar el cuento.

El **guión dramático** es el texto que se emplea para representar una obra de teatro. En este tipo de texto se encuentran los siguientes elementos:

- **El diálogo.** Se trata de las palabras que dicen los personajes; cada intervención comienza con el nombre de quien habla en ese momento, seguido de un punto y un guión largo.
- **Las acotaciones.** Son anotaciones dirigidas a los actores; indican cómo es el escenario y cuáles deben ser las actitudes, las expresiones y los movimientos de los personajes. Las acotaciones se escriben entre paréntesis, con un tipo diferente de letra, y no se dicen ante el público.

Escena primera

(*Se ven varios setos, uno de ellos moviéndose y dos niños conversando.*)

Per.— (*Sorprendido.*) Mira. Por ahí se mueve algo.
Mads.— (*Asustado.*) A lo mejor es un carnero. Debemos ser cuidadosos.
Per.— _____
Mads.— _____

Puerco espín.— _____
Per.— _____
_____
Mads.— _____
Per.— _____
Puerco espín.— _____
_____
Per.— _____
(*Se separa la hierba y sale el puerco espín.*)
Puerco espín.— _____
_____
Mads.— _____
Per.— _____
Mads.— _____
(*Mads saca los libros de su mochila y _____*)
Mads.— _____
Puerco espín.— _____
_____
Per.— _____
Mads.— _____
(*El puerco espín se mete en la mochila.*)
Mads.— _____

2. Escriban, en sus cuadernos, la segunda escena y el desenlace de la obra.

-• Si lo desean, pueden elegir otro cuento o escribir una obra inventada por ustedes.

3. Elaboren los títeres para representar el cuento. Para ello, necesitarán el siguiente material:

Retazos de tela, bolas de unicel, plumones de colores, papel lustre de colores, pegamento blanco y tijeras.

-• El cuerpo del títere se hace con tela. Corten dos veces el mismo molde, que debe ser un poco más grande que su mano.
-• Unan con pegamento las dos partes del cuerpo por las orillas y dejen un hueco para la cabeza.

-• Hagan un hoyo en la bola de unicel para que en éste quepa el dedo índice.
-• Pinten los ojos, la nariz y la boca con plumones de colores.
-• Decoren la cabeza con pedazos de papel lustre.
-• Introduzcan su mano en el cuerpo del títere; utilicen el dedo índice para manejar la cabeza y el meñique y el pulgar para mover los brazos del muñeco.
-• Empleen su imaginación para elaborar el puerco espín u otros personajes que deseen.

4. Representen la obra de teatro para títeres en el salón.

Un **teatro para títeres** se puede elaborar con una sábana acomodada entre dos sillas. En la parte trasera, pegado en la pared o sobre el pizarrón, se coloca el **escenario**; es decir, una cartulina con el dibujo del lugar donde ocurre la acción.

Los actores deben permanecer ocultos detrás de la sábana y sólo dejarán visibles las manos con los títeres.

5 ¿SERÁ UN LUGAR IMAGINARIO?

Los autores de los cuentos ubican los sucesos de sus historias en uno o en varios lugares. A veces sólo nos dicen dónde ocurren sus relatos; en otras ocasiones, también nos explican cómo son los lugares. Cuando un autor describe el lugar, parece como si nos pintara un cuadro con sus palabras. Observa la siguiente ilustración.

Ahora, lee cómo describieron el lugar los hermanos Grimm.

Sobre un acantilado junto al mar, había una choza pequeña, cuya insegura techumbre se estremecía en las noches de tormenta. Sus paredes de vieja madera, así como sus puertas y ventanas, eran tan débiles y llenas de agujeros, que dejaban filtrar el viento y el polvo.

1. Forma un equipo con dos compañeros y elijan uno de estos lugares.

-» Observen con atención el lugar y, entre los tres, descríbanlo.

2. Ahora, mencione cada uno un personaje que se pueda encontrar en ese lugar. Después, inventen un cuento.

-» Uno de los miembros del equipo contará qué ocurrió un día en ese lugar. Otro dirá lo que sucedió después y el último dirá lo que pasó al final.

La descripción de lugares

Describimos un lugar cuando explicamos en forma oral o escrita cómo es ese sitio y qué hay en él. Para describir un lugar necesitamos observarlo cuidadosamente; después mencionamos qué lugar es, cómo es y qué hay en él.

Cuando describamos un lugar, es conveniente que sigamos un orden, que puede ser de derecha a izquierda, de arriba abajo, de atrás hacia adelante, de lo más cercano a lo más distante, etcétera.

1. Observa cómo es este lugar y contesta.

-→ ¿Qué lugar es?
-→ ¿Qué se ve al fondo?
-→ ¿Qué hay adelante?
-→ ¿Qué se ve del lado izquierdo?
-→ ¿Qué hay del lado derecho?

2. Redacta la descripción. No olvides ponerle un título.

_____

_____

_____

_____

_____

_____

_____

3. Lee estos versos; después, dibuja el lugar que describen.

Entre dos montañas
que tocan el cielo
hay un valle verde
y un pequeño pueblo.

Un hermoso felino

El jaguar es el más grande de los felinos que habitan en México. Llega a medir hasta dos metros y medio de largo. Tiene la cabeza muy grande y una hermosa piel amarillenta, manchada con pequeños anillos negros. Sin embargo, también hay jaguares totalmente negros o blancos. En muchas regiones de nuestro país al jaguar lo llaman tigre.

Hubo un tiempo en que el jaguar se encontraba por todo México. Vivía tanto en las selvas como en las llanuras y en los bosques.

Los antiguos mexicanos le tenían un gran respeto. Lo conocían como un animal listo y muy fuerte. Además, sabían el extraordinario enemigo que era si se le molestaba. Por eso, el jaguar era un dios para muchos pueblos indígenas.

Tiempo después, con la llegada de los españoles, su suerte cambió. El jaguar fue perseguido y tuvo que esconderse en lugares donde al hombre le costaba mucho trabajo llegar.

Actualmente, el jaguar vive en las selvas tropicales, donde hay altos y tupidos árboles. Siempre anda cerca de las corrientes de agua. También se le puede ver por las costas, tulares y pantanos próximos al mar o rondando por los grandes bosques de pinos.

Al jaguar le gusta zambullirse en el agua de los pantanos para huir de las nubes de mosquitos. Le gusta jugar en el agua de los ríos y refrescarse cuando hace calor. Además, es un excelente nadador. Es capaz de cruzar, de una orilla a otra, ríos muy rápidos sin que lo jale la corriente. Y también se acerca al agua para cazar algún pez.

El jaguar es un gran cazador. Su habilidad le permite cazar en la tierra, en el agua o sobre los árboles. Por eso no le falta alimento. Por lo común, caza de noche. Caza venados, tapires, jabalíes, tortugas de tierra y de río, peces, monos, tepescuintles y otros animales pequeños, como ratas, tuzas, armadillos y zorros.

En ocasiones, el jaguar abandona su territorio y, siempre cazando en el camino, vaga muy lejos de los lugares en que comúnmente vive. Por eso, hasta en los desiertos se ha llegado a ver algunos jaguares viejos. El jaguar es un animal solitario, pues tanto los machos como las hembras vagan y cazan solos por la selva.

El jaguar busca compañía solamente en la época de celo. Cuando encuentra pareja, pasa la temporada cazando con ella.

Aunque el jaguar es un animal ágil y fuerte, está a punto de desaparecer de México. La gente lo persigue sin motivo o para vender su piel. Pero lo más grave de todo es que se están talando los bosques, quemando las selvas y destruyendo los manglares que son las regiones donde vive y caza este hermoso animal.

Arturo Ortega Cuenca. *El jaguar* (adaptación).

Actividades de aprendizaje

Trabajo en equipo

Investiguen en una enciclopedia cómo es el tigre, dónde vive y de qué se alimenta. Hagan un dibujo del tigre y anoten los datos más importantes.

Comenten con sus compañeros en qué se parecen y en qué son diferentes los jaguares y los tigres.

1. Subraya el título que recoge mejor el contenido del texto.

-• Un animal en peligro de extinción.
-• Un animal solitario.
-• El jaguar.

2. Comenta con tus compañeros de equipo.

-• ¿Cómo puede ser la piel de los jaguares?
-• ¿Qué otro nombre recibe este animal en algunas regiones de México?
-• ¿Por qué se dice que el jaguar es un gran cazador?
-• ¿Qué animales caza?

3. Completa el esquema.

El jaguar

¿Cómo es?	¿Dónde vive?	¿De qué se alimenta?

4. Comenta con tus compañeros.

-• ¿Por qué crees que antes de la llegada de los españoles el jaguar se encontraba por todo nuestro país?
-• ¿Por qué se han encontrado jaguares en los desiertos?
-• ¿Por qué el jaguar se encuentra en peligro de extinción?
-• ¿Cómo podemos protegerlo?

Nos preparamos

◆ **Menciona los animales que ves en este dibujo.**

-• Di a tus compañeros cómo se llama la pareja de esos animales.

El género y número de los sustantivos

◆ **Observa y comenta con un compañero.**

-→ ¿Qué animales aparecen en la ilustración?
-→ ¿Cómo se llama la pareja del león?
-→ ¿Cuántos leones están subidos en un banco: uno o más de uno?
-→ ¿Cuántos bancos hay?
-→ ¿Cuántas personas hay?

◆ **Escribe el nombre de la pareja de estos animales.**

-→ león ⇨ _____

-→ burro ⇨ _____

-→ pato ⇨ _____

-→ lobo ⇨ _____

◆ **Escribe los sustantivos correspondientes.**

_____ _____ _____ _____

◆ **Comenta con tus compañeros de equipo la siguiente información.**

El género de los sustantivos

Todos los sustantivos tienen **género**: son **masculinos** o son **femeninos**. Ejemplos: masculino ⇒ león; femenino ⇒ leona.

Algunos sustantivos tienen dos formas: una para el masculino y otra para el femenino. Ejemplos: masculino ⇒ señor; femenino ⇒ señora.

Otros sustantivos sólo tienen una forma. Ejemplos: masculino ⇒ árbol; femenino ⇒ silla.

El femenino de los sustantivos se forma así:

-→ Se cambia la terminación **-o** por **-a**. Ejemplo: perr**o** ⇒ perr**a**.
-→ Se añade la terminación **-a**. Ejemplo: señor ⇒ señor**a**.

El número de los sustantivos

Los sustantivos también tienen **número**: pueden estar en **singular** o en **plural**.

-→ Un sustantivo está en **singular** cuando nombra **un solo ser**: una persona, animal, objeto o planta. Ejemplos: domador, león, banco, pino.

-→ Un sustantivo está en **plural** cuando nombra **varios seres**: personas, animales, objetos o plantas. Ejemplos: domadores, leones, bancos, pinos.

El plural de los sustantivos se forma añadiendo la terminación **-s** o la terminación **-es** al sustantivo en singular. Ejemplos: casa ⇒ casa**s**; domador ⇒ domador**es**.

Actividades de aprendizaje

1. Clasifica los siguientes sustantivos en masculinos y femeninos.

jardín	río
raíz	llanura
madera	tronco
rama	tallo

MASCULINO	FEMENINO

2. Forma y escribe el femenino de cada sustantivo.

panadero ➛ ____________ doctor ➛ ____________ hermano ➛ ____________

abuelo ➛ ____________ bailarín ➛ ____________ profesor ➛ ____________

3. Escribe tres oraciones. En cada oración debe haber un sustantivo masculino y un sustantivo femenino. Fijate en el ejemplo.

- El jaguar vive en la selva.
- ____________
- ____________

4. Clasifica estos sustantivos según su número.

ranas	ciervo
tapires	pez
zorrillo	tuzas
monos	tortuga

SINGULAR	PLURAL

5. Lee en voz alta el poema. Rodea los sustantivos y di a tus compañeros cuál es el género y el número de cada uno.

Enanitos

Cuando está la luna
sobre el horizonte
muchos enanitos
juegan en el monte.

A las esquinitas
y a la rueda, rueda,
juegan los enanos
bajo la arboleda.

Muy blanca la barba,
muy rojo el vestido,
los enanos juegan
sin hacer ruido.

Y así como blandos
ovillos de lana,
por el campo corren
hacia la montaña.

Germán Berdiales

El lobo y el perro

Había una vez un lobo tan flaco que no tenía más que piel y huesos. Su flacura la debía, entre otras cosas, a que no se podía acercar a los ganados, pues estaban protegidos por los perros guardianes.

Un día, el lobo encontró a un perro mastín, rollizo y lustroso, que se había extraviado. El lobo, de buena gana, lo hubiese atacado y destrozado, pero había que emprender una batalla y el enemigo tenía trazas de defenderse bien.

El lobo decidió acercársele con la mayor cortesía y entablar una conversación con él.

—Te felicito amigo, tienes un hermoso cuerpo —dijo el lobo.

—Amigo lobo, tú no luces tan bien como yo porque no quieres —contestó el mastín—. Deja el bosque. Los animales que en él se guarecen son unos desdichados, muertos siempre de hambre. ¡Ni un bocado seguro! ¡Todo a la suerte! ¡Siempre al acecho de lo que sea! Sígueme y tendrás mejor vida.

—¿Y qué tendré que hacer? —preguntó el lobo.

—Casi nada —repuso el perro—. Tienes que proteger la casa, perseguir a los ladrones, jugar con los de la casa y complacer al amo. Con tan poco como esto, tendrás a cambio las sobras de todas las comidas, huesos de pollo y pichones y, además, algunas caricias.

El lobo, al escuchar esto, se imaginó que tendría un buen porvenir y decidió irse con el mastín y ayudarlo a encontrar su casa.

Iban caminando, cuando el lobo advirtió que el perro tenía una peladura en el cuello.

—¿Qué es eso? —le preguntó.

—Nada —contestó el perro.

—¡Cómo nada! Si te veo el cuello pelado. ¿Por qué lo tienes así?

—Será la marca del collar al que estoy atado.

—¡Atado! —exclamó el lobo— ¿Qué? ¿No vas y vienes adonde tú quieres?

— No siempre, pero eso ¿qué importa?

—A mí me importa. Me importa tanto que renuncio a tu comida y, a ese precio, renunciaría al mayor tesoro del mundo —dijo el lobo y se echó a correr. Aún está corriendo.

Jean de la Fontaine (adaptación de María de los Ángeles Mogollón).

Actividades de aprendizaje

1. **Dibuja y colorea en tu cuaderno a los personajes de la fábula.**

2. **Marca con una ✔ de qué hablan el perro y el lobo.**

   ☐ De los perros guardianes.

   ☐ De cómo consiguen la comida.

   ☐ De lo peligroso que es el bosque.

3. **Contesta.**

   - ¿Qué le pasaba al lobo?
   - ¿Por qué no atacó al perro?
   - ¿Qué le propuso el mastín?
   - ¿Por qué el lobo no aceptó la propuesta?

4. **Escribe dos razones que da el perro al lobo para que éste abandone el bosque.**

   - _____
   - _____

5. **Explica qué haría el lobo a cambio de comida.**

6. **Subraya cuál es el mayor tesoro del lobo.**

   - La libertad.   - La comida.   - El bosque.

7. **Comenta con tus compañeros cuál de estas situaciones es preferible. Explica tus razones.**

   - Ser libre y poder hacer lo que uno quiera.
   - Tener la comida asegurada a cambio de la libertad.

Redactamos

◆ **Imagina que a un animal se le presenta un problema. Escríbelo.**

   - Por ejemplo: un león cae en una trampa.

◆ **Piensa en posibles soluciones para el problema y elige una de ellas.**

   - Por ejemplo: solución 1. ➤ Un ratón lo ayuda a salir de la trampa.

◆ **Ahora redacta una fábula. Explica qué problema tenía el animal y cómo lo solucionó.**

   - No olvides corregir tu texto, pasarlo en limpio e ilustrarlo.

Ortografía

La coma

La coma (,) se utiliza para separar los elementos de las **enumeraciones**. Por ejemplo:

La comida del jaguar

Al jaguar nunca le falta comida porque es un gran cazador. Para comer caza venados, tapires, jabalíes, tortugas de tierra y de río, peces, monos y tepescuintles. También le gusta cazar animales pequeños: ratas, tuzas, armadillos y zorros.

1. Copia y completa la enumeración sustituyendo los dibujos por palabras. No olvides poner las comas.

La comida del lobo

El lobo podría comer trozos de

pedazos de huesos de y un

pedacito de

_____

_____
_____
_____

2. Observa el dibujo y completa la enumeración.

La _____ el _____
la _____ y las _____ son algunas de mis frutas favoritas.

3. Lee el texto y coloca las comas en el lugar adecuado.

Conociendo México

Víctor tenía muchas ganas de conocer algunos estados de nuestro país. Decidió hacer el viaje durante las vacaciones de verano. Recorrió Jalisco,Colima,Michoacán y Guerrero. Conoció pueblos,ciudades,montañas,ríos y playas muy bonitos.

4. Completa estas oraciones con enumeraciones que inventes.

-• En la juguetería había _____

-• Dentro de mi mochila tengo _____

-• Invitaré a mi fiesta de cumpleaños a _____

-• Los meses del año que más me gustan son _____

5. Imagina que ayer fuiste al zoológico. Escribe un texto en el que cuentes lo que viste. Enumera varios animales.

Mi visita al zoológico

_____

_____

_____

_____

_____

Para terminar

1. Escribe en tu cuaderno cinco oraciones en las que enumeres los objetos que hay en tu habitación.

-• Después, clasifica en un cuadro como éste los nombres de los objetos que enumeraste.

Sustantivos masculinos	Sustantivos femeninos
librero	cama

2. Redacta la descripción de tu habitación. No olvides ponerle título.

-• Revisa el uso del punto y la coma en tu texto. Si es necesario, corrige tu escrito, pásalo en limpio e ilústralo con dibujos.

En nuestra casa siempre hay algún lugar donde podemos leer tranquilamente una revista o un libro de cuentos, hacer la tarea o consultar alguno de nuestros libros de texto. Pero cuando deseamos disfrutar de la lectura de otros libros que no tenemos en casa o necesitamos buscar información en algún texto que tampoco está entre los nuestros, recurrimos a la biblioteca, donde también podemos hacer nuestras tareas. Observa estas fotografías.

En la biblioteca se encuentran conjuntos ordenados de libros para su lectura o consulta: libros de cuentos, de poemas, de fábulas, de Matemáticas, de Geografía, de Español... Todo lo que hay en una biblioteca se encuentra registrado y clasificado en los ficheros, que contienen fichas como ésta:

> 808.068
> BLA.h
>
> Blake, Quentin. La historia de la rana bailarina, [traductor Juan R. Azaola], Ediciones Altea, Madrid, 1985, 48 p. (col. Altea Benjamín 119).
>
> 1. Literatura infantil.

1. Visita, con tus compañeros de equipo, la biblioteca de tu colegio o de tu comunidad.

- Localicen los ficheros y pregunten para qué se utilizan.
- Investiguen cómo pueden solicitar un libro para llevárselo a casa.
- Averigüen cuáles son las normas de la biblioteca.
- Comenten con el grupo el resultado de la visita a la biblioteca.

2. Colabora con tus compañeros para formar, en el salón, una pequeña biblioteca.

- Piensen y comenten cómo pueden clasificar los libros.

Las partes de un libro

La **portada** y la **contraportada** constituyen la parte exterior de un libro.

En la **portada** se encuentran los datos principales de la obra: el **título**, la **editorial** y, generalmente, el **nombre del autor**.

El **lomo** es la parte donde se unen las hojas del libro. En el lomo también aparecen el título de la obra, el nombre del autor y de la editorial que publica el libro. Los datos del lomo permiten identificar un libro cuando está colocado en un librero.

La **portadilla** es la página inicial donde aparecen de nuevo los datos fundamentales de la obra: el título, la editorial, el autor. A veces, en la portadilla se incluyen otros datos, entre ellos, el nombre del **ilustrador** y el nombre del **traductor**.

El **colofón** es la anotación que traen algunos libros en la última página; en él se mencionan la fecha y otros datos de la **impresión** de la obra.

Autor —→
Título —→
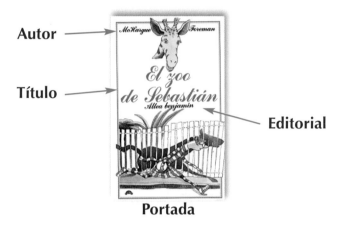
←— Editorial

Portada

Este libro se terminó de imprimir en junio de 1981 en Unigraf, S.A. Paredes Núm. 20, Fuenlabrada, Madrid.

Portadilla   **Colofón**

1. **Fíjate en las portadas de estos libros y contesta.**

--• ¿Quiénes son los autores?   --• ¿Qué títulos tienen?   --• ¿Qué editorial los publicó?

2. **Escribe los datos que aparecen en la portada del libro de texto que estás utilizando ahora.**

_____

_____

3. **Busca en un libro que te guste los datos de la portadilla y del colofón.**

--• Di a tus compañeros qué datos aparecen en la portadilla y cuáles son los del colofón.

La imprenta

Los libros, las revistas, los folletos, las tarjetas de felicitación, los periódicos se imprimen en talleres o lugares llamados imprentas.

Antiguamente, cada libro tenía que ser escrito a mano; después, los escritos eran copiado por señores que tenían el oficio de copistas. Cientos y cientos de copistas producían muy pocos libros al año. Estos libros eran muy caros y sólo los ricos podían darse el lujo de leerlos. ¿Qué se podía hacer para solucionar esto?

Un alemán, llamado Johann Gutenberg, utilizó una antigua técnica de impresión inventada por los chinos, quienes usaban sellos de arcilla cocida con una figura grabada en relieve. Estos sellos se entintaban y luego se presionaban sobre tela, pergamino o papel. Se levantaba el sello y en su lugar quedaba estampada la figura.

En 1450, Gutenberg utilizó la misma idea que los chinos. Pero en vez de usar arcilla, empleó madera para fabricar las letras del alfabeto realzadas e invertidas. Las letras las colocaba en pequeños bloques de madera.

Cada bloque recibió el nombre de tipo. ¿Qué hizo entonces Gutenberg? Como los tipos eran independientes, combinó letras, formó palabras y armó una página en relieve; después, la entintó y apretó contra ella una hoja de papel. Y las letras quedaron estampadas con tanta claridad como si hubiesen sido dibujadas a mano. ¡Acababa de inventar la imprenta!

El primer libro impreso por Gutenberg fue la *Biblia*. Algunos de los primeros ejemplares ya tenían color, pues Gutenberg usó tintas de colores para las letras con que empezaban los capítulos.

Gutenberg, trabajando muy de prisa, apenas si lograba imprimir 500 páginas por día... No era mucho, pues todo el proceso se hacía manualmente. Tuvieron que pasar más de cuatrocientos años para que se pudiera hacer este trabajo con más rapidez. Hacia 1845 se perfeccionaron las máquinas de imprimir: se les aplicaron motores y todo se hizo de forma automática y a gran velocidad.

En la actualidad, la impresión de textos se hace con computadoras y máquinas muy complejas. Día y noche estas máquinas trabajan como copistas superrápidos, imprimiendo libros, periódicos, revistas, catálogos, folletos... Y también tarjetas postales, invitaciones y programas de circo.

El invento de Gutenberg permitió que los libros estuvieran al alcance de todas las personas. Podemos encontrar libros en casi todas las casas, en los supermercados, en los puestos de periódicos. Y, cuando necesitamos un libro determinado, podemos ir a la librería para comprarlo o a la biblioteca para pedirlo prestado. Gracias al inventor alemán, los libros se convirtieron en objetos familiares para todos nosotros.

María de los Ángeles Mogollón G.

Actividades de aprendizaje

Trabajo en equipo

Investiguen en una enciclopedia cómo se imprimen los libros, las revistas y los periódicos en la actualidad.

Comparen el sistema de trabajo empleado por Gutenberg con el que se utiliza ahora y expresen sus opiniones.

1. Subraya el título que le pondrías al texto.

-• Los libros.   -• El invento de Gutenberg.   -• Los sellos chinos.

2. Contesta.

-• ¿Por qué los libros de los copistas eran tan caros? _____
_____

-• ¿Crees que el invento de Gutenberg fue importante? _____
-• ¿Por qué? _____
_____

-• ¿Dónde puedes encontrar libros, revistas, periódicos? _____
_____

3. Ordena los pasos que siguió Gutenberg para imprimir una página. Escribe los números 1 a 6.

	Combinó los tipos para formar palabras.
	Entintó la página en relieve.
1	Construyó letras en relieve e invertidas.
	Armó con las palabras una página en relieve.
	Apretó contra la página en relieve una hoja de papel.
	Colocó las letras en moldes independientes llamados tipos.

Nos preparamos

◆ **Observa los dibujos y completa.**

el libro   _____ libros   la revista   _____ revistas

◆ **Escribe el plural de las siguientes palabras.**

-• la biblioteca _____   -• el bibliotecario _____

El artículo

◆ **Observa las siguientes fotografías.**

◆ **Contesta lo siguiente.**

-• En el nombre de cada lugar hay un sustantivo. ¿Cuál es? _____

_____

-• ¿Qué palabras aparecen delante de cada sustantivo? _____

◆ **Observa los dibujos y comenta con tus compañeros la información que aparece al lado de ellos.**

La revista cuesta 20 pesos.

La palabra **la** aparece delante del sustantivo revista.
La palabra **la** es un **artículo**.
Los artículos siempre van delante de un sustantivo.

Los periódicos llegarán más tarde.

Los artículos tienen **género** y **número**. Pueden estar en **femenino** o **masculino** y en **singular** o en **plural**. Ejemplos:

	Singular	Plural
Femenino	la revista	las revistas
Masculino	el periódico	los periódicos

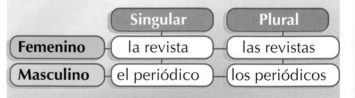

Los artículos son **el, la, los** y **las**.
Los artículos determinan el género y el número de los sustantivos.

Actividades de aprendizaje

1. Escribe un sustantivo después de cada artículo.

- el _____
- la _____
- los _____
- las _____
- el _____
- la _____

2. Escribe los artículos correspondientes.

- _____ pescadores
- _____ lanchas
- _____ anzuelo
- _____ red
- _____ barco
- _____ pesca
- _____ vela
- _____ peces
- _____ palmeras

3. Escribe los artículos que faltan y completa el siguiente texto.

¿Dónde viven [ ] abejas?

[ ] abejas viven en [ ] campo y construyen sus hogares en [ ] agujeros de [ ] rocas y en [ ] troncos huecos de [ ] árboles. También pueden vivir en unas casitas de madera construidas por [ ] ser humano. [ ] casitas que [ ] personas construyen para [ ] abejas reciben [ ] nombre de colmenas. ¿Sabes qué alimento natural elaboran [ ] abejas con [ ] néctar de [ ] flores? ¡Claro! ¡Es [ ] miel!

- Di a tus compañeros cuál es el género y el número de cada artículo que escribiste.

4. Completa el cuadro con los artículos y los sustantivos correspondientes.

MASCULINO SINGULAR	FEMENINO SINGULAR	MASCULINO PLURAL	FEMENINO PLURAL
el escritor	la escritora		
		los directores	
			las cocineras
	la mesera		
el profesor			
			las estudiantes

Pinocho

Hace mucho tiempo existió un carpintero llamado Geppetto.

Un buen día, Geppetto comenzó a tallar un muñeco.

Empezó a hacer la cabeza. "Debe ser una cabecita redonda, con una nariz larga para que el muñeco pueda oler mejor" —pensaba Geppetto, y se reía para sus adentros.

"Ahora, le haré unos ojos grandes y muy abiertos. Ojos de muñeco curioso y con buena vista" —seguía pensado Geppetto—. "Qué pena que no sea un niño de verdad. Le enseñaría mi oficio, le enseñaría el pueblo donde vivo. Si fuera un niño, tendría unos ojos preciosos, color avellana, como yo" —continuaba pensando el carpintero.

"Ahora, la boca" —pensó Geppetto y talló una boca grande y sonriente.

"Será un muñeco gracioso" —pensaba Geppetto—. "Si fuera niño, contaría chistes, comería helados y le gustaría bailar."

Geppetto también le puso orejas a su muñeco. Cuando terminó la cabeza, Geppetto pensó en un nombre para su muñeco.

"Se llamará Pinocho. Si yo hubiese tenido un hijo, le habría llamado así. ¡El muñeco será como mi hijo!"

Geppetto estaba tan contento que se puso a bailar por el cuarto con el trozo de madera tallado.

De repente, oyó una vocecita:

—¡Jo!, suéltame, que no me gusta bailar sin piernas.

Pero... ¿estaría soñando Geppetto? Le parecía que Pinocho había hablado. No... no podía ser. De todas formas, a Geppetto se le quitaron las ganas de bailar y se sentó para tranquilizarse.

—¡Jo, hazme las piernas! —dijo de nuevo la vocecita—. ¡Quiero correr!

Geppetto ya no tenía dudas. ¡Era Pinocho el que había hablado!

Rápidamente se levantó de la silla. Construyó unas piernas y unos brazos de muñeco y se los puso a Pinocho. ¡Ahora, Pinocho ya estaba completo!

Geppetto abrazó con cariño al muñeco de madera, Pinocho abrazó también a Geppetto y, los dos juntos, se pusieron a cantar y a bailar. Entonces, Geppetto pensó que ya no estaría solo nunca más.

Tenía a Pinocho... su hijo de madera.

Carlo Collodi (adaptación).

Actividades de aprendizaje

1. Contesta.

- ¿Por qué Geppetto quería tener un hijo? _____

_____

- ¿Qué le podría enseñar a su hijo? _____

_____

- ¿Qué hecho sorprendió a Geppetto? _____

_____

Sugerencias

Carlo Collodi es el autor del libro titulado *Las aventuras de Pinocho*. Pide prestado el libro en la biblioteca de tu escuela y disfruta su lectura en tus ratos libres. Después, puedes comentar las aventuras de Pinocho con tus compañeros.

2. Numera las escenas de acuerdo con el orden en que sucedió la historia.

3. Comenta con tus compañeros.

- ¿Qué sentirías si de repente un muñeco te hablara?
- ¿Qué harías tú con el muñeco?
- ¿Qué deseo te gustaría ver convertido en realidad?

4. Cuenta la historia de Pinocho con dos compañeros.

- Uno contará lo que pasa, otro será Geppetto y uno más, Pinocho.

Redactamos

◆ **Fíjate en el texto y describe a Pinocho como si fuera un niño de verdad. No olvides ponerle un título a tu descripción.**

_____

Pinocho es un niño _____

_____

_____

Ortografía

Palabras con c y qu

El sonido **k** se puede representar con las letras **c**, **qu** o **k**.

El sonido **k** se escribe con **c** ante **a**, **o**, **u**: **ca**, **co**, **cu**. Ejemplos: **ca**nasta, **co**librí, **cu**chillo.

El sonido **k** se escribe con **qu** ante **e**, **i**: **que**, **qui**. Ejemplos: **que**sadilla, **qui**jada.

El sonido **k** también se escribe con **k**. En español hay pocas palabras que se escriben con **k**. Ejemplos: **k**ilómetro, To**k**io, **k**iosco.

1. Observa los dibujos, pronuncia los nombres y escribe.

Oímos			
Escribimos	_____	_____	_____
Oímos			
Escribimos	_____	_____	_____

2. Contesta.

-• ¿Qué vocales van detrás de **c**? _____

-• ¿Qué vocales se escriben detrás de **qu**? _____

3. Primero lee el texto. Después, subraya las palabras que tienen el sonido k y clasifícalas.

Los flamingos

Los flamingos son aves zancudas que viven en lagunas y cañaverales, tienen las patas y el cuello muy largos y su plumaje es rosa o blanco. Les gusta comer peces que pescan con su pico y suelen permanecer mucho tiempo quietos sobre una pata.

ca	co	cu	que	qui

4. Sustituye los dibujos por palabras y escribe las oraciones.

La [vaca] y el [caballo] tienen **4** patas.

_____

La [foca] y el [esquimal] son amigos.

_____

Los [conejos] no comen [quesos].

_____

5. Forma palabras con qu.

foca ⇨ __foquita__   perico ⇨ __periquito__

vaca ⇨ _____   mosco ⇨ _____

boca ⇨ _____   barco ⇨ _____

6. Canta estas coplas populares y luego rodea las palabras con sonido k.

Mosquito, no mortifiques
con tus cantos malsonantes:
si me cantas, no me piques,
si me picas, no me cantes.

Bendita tierra querida,
no tienes comparación;
quisiera tenerte cerca
y darte mi corazón.

Para terminar

1. Consigue un libro de cuentos. Escribe los datos que aparecen en la portada del libro.

--• Lee en voz alta los datos de la portadilla y del colofón.

2. Lee un cuento. Después, busca en el texto cuatro sustantivos y clasifícalos. Anota el artículo que le corresponde a cada uno.

Masculino singular _____   Masculino plural _____

Femenino singular _____   Femenino plural _____

--• Localiza en el cuento palabras con el sonido k y escríbelas.

ca	co	cu	que	qui

Taller 3 Fichas y ficheros

1. Observa que en las fichas se escribe primero el apellido y después el nombre del autor.

Luisa García ➤ García, Luisa.
Michael Ende ➤ Ende, Michael.

-➤ Escribe el nombre y el apellido de estos autores, tal y como se anotan en las fichas.
-➤ No olvides poner una coma entre el apellido y el nombre.

Julio Verne _____

Gabriela Mistral _____

2. Escribe los datos que aparecen en la portada de este libro.

La **ficha** bibliográfica es una tarjeta de cartulina donde se anotan los datos más importantes de un libro:

- El nombre del autor.
- El título del libro.
- El nombre de la editorial que lo publicó.
- El lugar y el año en que se público.

Erdman, Roxanna.
<u>Elogio del tlacuache</u>,
Alfaguara,
México,
1998.

AUTOR ⟶ _____

TÍTULO ⟶ _____

EDITORIAL ⟶ _____

3. Haz una ficha de cartulina.

-➤ Escribe en ella los datos de un libro que hayas leído recientemente.
-➤ No olvides anotar el lugar y el año en que se publicó el libro.

4. Participa con tus compañeros en la elaboración de las fichas de los libros de la biblioteca del grupo.

- -• Repartan los libros que hay en el salón entre los equipos de trabajo.
- -• Elaboren las fichas de los libros que les tocaron.
- -• Comprueben que cada ficha tenga los datos completos.

5. Confeccionen un fichero para guardar las fichas que elaboraron.

- -• Necesitan el siguiente material:

— Una caja de cartón para zapatos.
— Papel lustre del color que prefieran.
— Marcadores de colores.
— Cartulina blanca.
— Pegamento blanco y tijeras.

El **fichero** es un cajón donde se guardan las fichas de los libros. Generalmente, el fichero se encuentra en la entrada de la biblioteca para que todos puedan consultarlo.

En los ficheros, las fichas aparecen ordenadas alfabéticamente; para ello, se toma la primera letra del primer apellido de cada autor.

Tú puedes hacer un fichero para guardar las fichas de los libros que hay en la biblioteca de tu salón o las fichas de tus libros.

- -• Forren la caja de zapatos con papel lustre.

- -• Escriban con marcadores de colores la palabra FICHERO en la caja forrada.

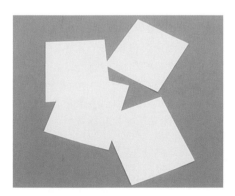

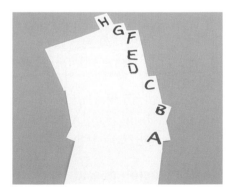

- -• Elaboren con cartulina 27 separadores que quepan en la caja.

- -• Anoten, en una esquina de cada separador, una letra del alfabeto.

- -• Ordenen las fichas y acomódenlas detrás de cada separador en orden alfabético.

7 ¡CUÁNTAS FORMAS DE COMUNICACIÓN!

¿Alguna vez te has puesto a pensar en las diferentes formas de comunicación que tenemos? ¿Sabes de qué manera podemos transmitir mensajes? ¿Te has dado cuenta de cómo recibimos información? Observa la siguiente escena:

Podemos comunicarnos de muchas formas. Unas veces, empleamos gestos; otras, hablamos. En algunas ocasiones, utilizamos señales o dibujos y otras, escribimos o nos comunicamos mediante el uso de colores o sonidos.

1. Observa la escena de arriba y comenta con tus compañeros de equipo lo siguiente:

- → ¿Cómo saben los conductores que deben detener sus vehículos?
- → ¿Qué indica la señal de tránsito?
- → ¿Cómo identifican las personas al policía? ¿De qué manera el policía transmite su mensaje?
- → ¿Qué indica el sonido del camión de bomberos? ¿Cómo se reconoce a los bomberos?
- → ¿Qué medio de comunicación utiliza el vendedor de periódicos?

2. Mencionen las formas de comunicación que identificaron en la ilustración.

3. Elaboren un mensaje en el que empleen palabras y dibujos para invitar a sus compañeros a realizar alguna de estas acciones:

- → Proteger a los animales.
- → Organizar la elaboración de una piñata.
- → Cuidar los parques y jardines.

Los medios de comunicación y de difusión

Cuando ocurre algún suceso importante en cualquier lugar del mundo, podemos enterarnos del acontecimiento de varias formas: recibimos información mediante la lectura de un **periódico**, escuchamos la noticia en el **radio** o vemos y escuchamos lo sucedido en la **televisión**.

Los periódicos, el radio y la televisión son medios de comunicación y de difusión, que transmiten información a grupos de personas muy numerosos y diferentes.

Además de transmitir información, los medios de comunicación y de difusión también proporcionan al público diversión y educación.

Otros medios de comunicación y de difusión son los carteles, las revistas, los libros, el cine, los audio y videocasetes.

1. **Reúnete con tus compañeros de equipo y realicen lo siguiente:**

   -• Elijan algún acontecimiento deportivo próximo a efectuarse. Puede ser un partido de futbol, beisbol o basquetbol.
   -• Averigüen en qué estación de radio y en qué canal de televisión se hará la transmisión.

2. **Escuchen la transmisión de una parte de la competencia deportiva en el radio. Vean otra parte en la televisión.**

   -• Observen si se interrumpe la transmisión para anunciar algún producto.
   -• Fíjense si el conductor sólo narra lo que sucede o si, además, hace comentarios personales.
   -• Después, lean el resultado del acontecimiento deportivo en algún periódico.

3. **Comenten con el grupo las diferencias que apreciaron entre el radio, la televisión y el periódico.**

4. **Dibuja en tu cuaderno al personaje principal del programa de televisión que más te gusta.**

   -• Explica a tus compañeros qué programa es y por qué te gusta.

5. **Escribe cuáles son los medios de comunicación y de difusión que utilizan en tu casa para lo siguiente:**

   -• Saber lo que pasa en México y en el mundo: _____
   -• Entretenerse y divertirse: _____

En directo, desde la Luna

El 16 de julio de 1969, en un lugar de los Estados Unidos de América, se lanzó al espacio una nave llamada *Apolo XI*. En ella viajaban tres hombres: Neil Armstrong, Edwin Aldrin y Michael Collins.

Después de cuatro días de viaje, la nave *Apolo XI* se aproximó a la Luna. De la nave se desprendió una máquina muy extraña, un módulo lunar llamado *Águila*. A bordo de este módulo iban dos de los tres tripulantes de la nave *Apolo*, los estadounidenses Neil Armstrong y Edwin Aldrin.

Por fin, el 20 de julio de 1969 se transmitía en directo, y para todo el planeta Tierra, lo que parecía un sueño: la llegada del ser humano a la Luna.

Eran las 8:42 de la noche en México cuando Neil Armstrong, el comandante de la nave, se puso en contacto con la Tierra: "¡Hola, Houston! Aquí base de la Tranquilidad. ¡El *Águila* ha aterrizado!

Armstrong fue el primero en bajar por la escalerilla del módulo y poner el pie izquierdo sobre la superficie del satélite natural de la Tierra.

Edwin Aldrin bajó veinte minutos más tarde, después de tomar fotografías desde el módulo lunar.

Millones de personas pudieron ver en la pantalla de su televisión a dos hombres que se paseaban y daban saltitos, como si flotaran, sobre una extensión árida y desértica en medio de la noche. Estaban vestidos con trajes de astronauta plateados y se encontraban sobre la superficie lunar.

Michael Collins, el tercer astronauta, se quedó a 110 kilómetros de la Luna. Se encontraba en el interior de la nave y daba vueltas y más vueltas alrededor del satélite, mientras Armstrong y Aldrin recogían muestras del suelo lunar y colocaban algunos aparatos de investigación.

A las 9:43 de la noche en México, Armstrong y Aldrin aparecieron en las pantallas de las televisiones con la bandera de los Estados Unidos de América en la mano. La clavaron en el suelo de la Luna y destaparon una placa firmada por ellos y por el presidente de su país.

Los movimientos de los astronautas eran seguidos por las cámaras instaladas en la nave. Luego, las imágenes eran enviadas vía satélite a todos los lugares de la Tierra.

Armstrong y Aldrin regresaron al *Águila* dos horas y veinticuatro minutos después de haber iniciado el paseo lunar. La transmisión por televisión terminó.

Por primera vez, al menos 500 millones de personas pudieron contemplar, en directo, la mayor hazaña realizada por el ser humano. Y la pudieron ver gracias a la televisión.

1. **Subraya el título que le pondrías al texto y explica a los compañeros tu elección.**

   --• Un programa de televisión.
   --• La conquista de la Luna.
   --• De la Luna a la Tierra.

2. **Numera los dibujos según ocurrieron los hechos.**

Trabajo en equipo

Imaginen que son reporteros de algún periódico y escriban la noticia de la conquista de la Luna. Antes de escribir la nota, contesten estas preguntas:

- ¿Qué pasó?
- ¿Cuándo sucedió?
- ¿Quiénes intervinieron?
- ¿Dónde sucedió?

Ilustren su texto con dibujos.

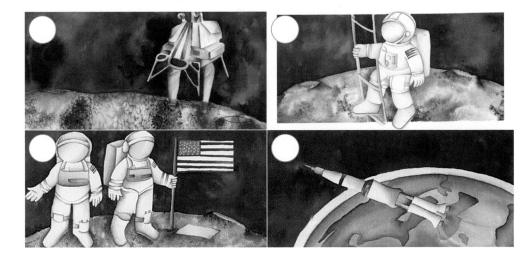

3. **Comenta con tus compañeros de equipo.**

   --• ¿Por qué fue importante que se transmitiera por televisión la conquista de la Luna?
   --• ¿A través de qué otros medios se difundió la noticia de la llegada del hombre a la Luna?
   --• ¿Cuál de los medios crees que fue el más importante? ¿Por qué?
   --• ¿Cuáles medios de difusión nos permiten saber lo que sucede en cualquier parte del mundo?

Nos preparamos

◆ **Escribe tres palabras que expresen cómo pueden ser estos seres. Fíjate en los ejemplos.**

--• Luna → blanca, redonda, _____   --• pelo → largo, _____

--• juguete → _____   --• leche → _____

◆ **Escribe tres palabras que digan cómo pueden estar los siguientes seres.**

--• astronauta → solitario, aburrido, _____   --• perro → cansado, _____

--• niño → _____   --• pastel → _____

El adjetivo calificativo

◆ **Observa la siguiente fotografía y comenta con tus compañeros.**

-• ¿Quién es la persona que aparece en la fotografía?
-• ¿Cómo es?
-• ¿De qué color es su cabello?
-• ¿Cómo es la ropa que usa?
-• ¿Cómo crees que está: triste, contento, aburrido...?
-• ¿Cómo es el objeto que tiene el niño en las manos?
-• ¿De qué color es?

◆ **Escribe debajo de cada fotografía una palabra que exprese cómo están el perro, el niño y el pantalón.**

_____   _____   _____

◆ **Lee este texto y coméntalo con tus compañeros.**

Es una perla perfecta.

La palabra **perfecta** se refiere al sustantivo **perla**. Es una palabra que nos dice cómo es la perla. La palabra perfecta es un **adjetivo calificativo**.

Los adjetivos calificativos son las palabras que expresan **cómo son** o **cómo están** los seres o los objetos a que se refieren.

Generalmente, el adjetivo calificativo va **después** del sustantivo al que se refiere. Ejemplo: perla **perfecta**.

A veces el adjetivo se puede colocar **antes** del sustantivo. Ejemplo: **hermosa** perla.

Los adjetivos calificativos tienen el mismo género y el mismo número que los sustantivos a los que se refieren. Ejemplos:

	Singular	**Plural**
Masculino	niño simpático	niños simpáticos
Femenino	niña simpática	niñas simpáticas

© Santillana

Actividades de aprendizaje

1. Lee el siguiente texto y subraya los adjetivos calificativos.

Mi amiga María es una niña simpática. Vive en una casa pequeña con un bonito jardín. Tiene un perro cariñoso, un gato gruñón y un loro parlanchín.

2. Une cada sustantivo con su adjetivo. Después, escribe una oración con cada pareja que formaste. Fíjate en los ejemplos.

SUSTANTIVOS	ADJETIVOS	ORACIONES
maleta	iluminada	_____
habitación	polvoriento	_____
camino	pesada	Raúl llevaba una maleta pesada.
perro	fiel	_____

3. Anota los nombres de las personas que se pide y completa las descripciones con los adjetivos adecuados.

- Tu mejor amigo o amiga: _____ es _____

- Tu profesor o profesora: _____ es _____

- La persona que más admiras: _____ es _____

4. Subraya con azul los adjetivos femeninos y con rojo el adjetivo masculino que aparecen en este poema de Clemencia Laborda.

Casa

Ventanas azules,
verdes escaleras,
muros amarillos
con enredaderas,
y, en el tejadillo,
palomas caseras.

- Di a tus compañeros dónde está cada adjetivo: antes o después del sustantivo.

5. Completa el siguiente texto con los adjetivos adecuados.

hermoso
pequeña
gran
azul
valientes
brillantes

Los _____ astronautas se asomaron por la _____ ventana de la nave y contemplaron un _____ espectáculo. La Tierra aparecía en el espacio como una _____ esfera de cristal _____ bañada por los _____ rayos del Sol.

La perla maravillosa

Hace siglos y siglos, en el Reino del Cielo vivían un dragón volador y un ave fabulosa de gran plumaje. Un día, el dragón y el ave encontraron una piedra bellísima en una gruta.

—¡Mira que piedra tan bella! —dijo el ave—. ¡Nunca había contemplado nada igual!

—Podríamos tallarla y convertirla en una hermosa perla —dijo el dragón.

Y así lo hicieron. El dragón modeló la piedra con sus patas, mientras el ave trabajaba con su pico. Por fin, al cabo de muchísimos años, consiguieron tener una perla redonda y perfecta.

Un día, la reina del Cielo oyó hablar de una perla que brillaba tanto como el Sol y acudió al lugar donde se encontraba para ver por sí misma si era tan grande y maravillosa como se decía.

—¡Es una perla perfecta! —exclamó la reina al contemplarla—. Jamás vi nada igual. Esta joya merece formar parte de mi tesoro.

Y dicho y hecho, ordenó a sus guardias que llevaran la perla a su palacio.

Cuando el dragón y el ave se enteraron de lo ocurrido, fueron rápidamente al palacio de la reina.

—Venimos a pedirte que nos devuelvas la perla. Es nuestra. La hemos tallado nosotros durante años y años —dijo el dragón.

—¿Cómo se les ocurre pedirme eso? —gritó la reina furiosa—. Todos los tesoros del Reino del Cielo me pertenecen. La perla también. Salgan del palacio antes de que me enfurezca más y los castigue por su atrevimiento.

Y diciendo esto, la Reina se abalanzó sobre la perla.

El dragón y el ave, al ver que la reina no pensaba devolverles su perla, se lanzaron también sobre ella con la intención de agarrarla. Y entonces, ante la sorpresa de todos, la perla comenzó a elevarse y a elevarse hasta que llegó a los confines del Reino del Cielo y se quedó allí, quieta, en lo más alto.

La Reina, furiosa, ordenó a sus sirvientes que le bajaran aquella perla que brillaba intensamente; pero por más que intentaron llegar hasta ella, nadie lo consiguió. Nadie, excepto el dragón y el ave que volaron y volaron tras su perla.

Desde entonces, la perla maravillosa permanece suspendida en el cielo para que todos puedan contemplarla. Su brillo es tan intenso que puede verse por las noches desde la Tierra.

Y desde la Tierra, también puedes ver al dragón y al ave: dos pequeñas constelaciones que vigilan cada noche para que nadie se acerque a su perla.

Leonor Romo y Pedro López

Actividades de aprendizaje

1. Contesta.

- ¿Quiénes son los personajes del cuento *La perla maravillosa*?

_____

- ¿Dónde ocurrió la historia?

_____

- ¿Cuándo ocurrió?

_____

2. Subraya la afirmación verdadera. ¿Cómo era la reina del cuento?

La reina era comprensiva.
La reina era egoísta.
La reina era mentirosa.
La reina era simpática.

3. Numera los hechos según el orden en que ocurrieron.

☐ Un día, la Reina del Cielo les quitó la perla.

☐ La perla subió y se quedó en el cielo.

☐ Hace siglos, un dragón y un ave encontraron una piedra bellísima.

☐ Entonces, decidieron tallarla y convertirla en una perla.

☐ El dragón y el ave se pelearon con la Reina por la perla.

4. Dibuja en tu cuaderno la perla, el dragón y el ave como se les puede ver desde la Tierra por las noches.

- Toma en cuenta que una constelación es un conjunto de estrellas agrupadas de manera que aparentemente forman una figura.

Sugerencias

Si conoces alguna historia que hable de la Luna o sabes algunos versos, dilos a tus compañeros. Si no, pide a alguna persona conocida que te lea una historia o te recite algún poema de la Luna. Mientras tanto, lee este poema de José Juan Tablada y haz un dibujo para él en tu cuaderno.

Es mar la noche negra,
la nube es una concha,
la luna es una perla.

Redactamos

◆ **Inventa y escribe en tu cuaderno otro final para el cuento *La perla maravillosa*.**

- Imagina, por ejemplo, que la perla empieza a crecer y a crecer hasta convertirse en una montaña nevada o que se transforma en un lago cristalino.
- No olvides contar lo que pasa con los personajes.

◆ **Revisa tu texto, ilústralo y léelo a tus compañeros.**

Ortografía

Las letras s, c y z

En el español que hablamos en México, las letras **s**, **c** y **z** representan el mismo sonido.

Algunas reglas que nos permiten distinguir cuándo emplear estas letras son las siguientes:

-• Los adjetivos que terminan en **-oso**, **-osa** se escriben con **s**. Ejemplos:
curi**oso** → Juan es un niño **curioso**.
mugr**osa** → La camisa está **mugrosa**.

-• Los sustantivos que terminan en **-cia**, **-cio** se escriben con **c**. Ejemplos:
deli**cia** → Esta fruta es una **delicia**.

ejerci**cio** → El **ejercicio** es bueno para la salud.

-• El plural de las palabras que terminan en **z** se escribe con **c**. Ejemplos:
pe**z**-pe**ces** → En este arroyo hay **peces**.
nue**z**-nue**ces** → Las **nueces** son ricas en grasas.

-• Los sustantivos que terminan en **-ez**, **-eza** se escriben con **z**. Ejemplos:
delgad**ez** → Nos preocupa su **delgadez**.
limpi**eza** → Me sorprendió la **limpieza** de su trabajo.

---

1. Clasifica las palabras destacadas en las siguientes oraciones.

-• Mónica baila con **gracia**.
-• Juan caminó **presuroso** hasta el jardín.
-• La **tristeza** se reflejaba en sus ojos.
-• La perrita de Ana es muy **latosa**.

-• Dame los **lápices** de colores.
-• Este hombre trabaja con **rapidez**.
-• Los niños juegan **felices**.
-• Todos leímos en **silencio**.

-oso	-osa

-ces	-ces

-cia	-cio

-ez	-eza

2. Forma adjetivos con las terminaciones -oso y -osa.

grandi- + -oso → <u>grandioso</u>

perez- + -oso → _____

curi- + -oso → _____

herm- + -osa → <u>hermosa</u>

vanid- + -osa → _____

furi- + -osa → _____

3. Añade la terminación -cia o -cio y forma palabras.

-cia
mali → <u>malicia</u>
justi → _____
cari → _____

-cio
nego → _____
trape → _____
bulli → _____

4. Forma el plural de estas palabras.

raíz   ➜   <u>   raíces   </u>   lombriz ➜ _____   antifaz ➜ _____

pez   ➜   _____   lápiz   ➜   _____   perdiz ➜ _____

5. Forma y escribe palabras terminadas en -ez y -eza.

redondo ➜   <u> redondez   </u>   limpio ➜   <u> limpieza   </u>

delgado ➜   _____   noble   ➜   _____

brillante ➜   _____   pobre   ➜   _____

estrecho ➜   _____   raro   ➜   _____

6. Completa con s, con c o con z.

Un rey feli☐

En un bello país vivía un rey muy podero☐o. Era un hombre feli☐, pues en su

reino se hacía justi☐ia y no se conocía la pobre☐a. Además, el rey tenía una mujer

bondado☐a y una hija maravillo☐a. Su hija tenía die☐ años y ya era una

virtuo☐a flautista que con la deli☐ia de su música hacía feli☐es a todos los que

la escuchaban.

Para terminar

1. Busca en algún periódico de los domingos la sección dedicada a los niños.

--• Lleva la publicación al salón de clases. Después, explica a tus compañeros qué trae la sección y qué fue lo que más te gustó.

2. Reúnete con tus compañeros de equipo y escuchen algún programa infantil que se transmita por radio.

--• Anoten en sus cuadernos lo que se presentó durante el programa: relatos y noticias de animales, cuentos, canciones, chistes, música...
--• Comenten qué les gustó más del programa y por qué.

3. Dibuja en tu cuaderno al protagonista de algún programa de televisión que te guste.

--• Ahora, escribe la descripción del personaje que dibujaste.
--• Utiliza adjetivos calificativos en tu descripción.

Cuando un circo llega a la ciudad, los empresarios utilizan varios medios de difusión para anunciar las funciones: el periódico, el radio y la televisión; pero también emplean otro medio que tú conoces muy bien, los carteles. Observa las ilustraciones y comenta con tus compañeros qué representan y cuál es la información que proporcionan.

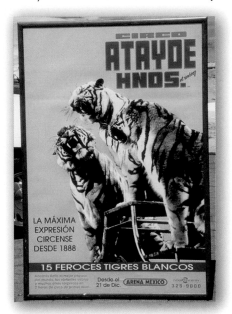

Generalmente, los carteles se colocan en lugares públicos para que la mayoría de la gente los pueda ver.

1. Fíjate en los carteles del circo y comenta con tus compañeros de equipo.

- ¿Qué se utiliza en los carteles para transmitir los mensajes?
- ¿A quiénes van dirigidos los mensajes?
- ¿En qué lugares podrían colocarse estos carteles?

2. Observen en la calle algunos carteles y comenten en clase.

- ¿Dónde encontraron los carteles?
- ¿Cómo transmiten el mensaje?
- ¿Qué mensaje contenía cada cartel?
- ¿A quién va dirigido el mensaje?

3. Contesta.

- ¿Qué te atrae más de un cartel?

_____

- ¿Para qué usarías tú un cartel?

_____

El cartel

El **cartel** es un medio de difusión que se emplea para comunicar mensajes visuales compuestos por imágenes y palabras.

En un cartel se emplean fotografías o dibujos de gran tamaño, textos breves, letras de varios tamaños y formas, así como colores muy atractivos; esta combinación de elementos permite establecer una comunicación rápida y directa con las personas que lo ven.

Los carteles se elaboran en láminas de papel, plástico u otros materiales y se colocan donde puedan ser observados por el mayor número posible de personas: hospitales, escuelas, mercados, parques, tableros, paredes y muros en la calle, etcétera.

Según el mensaje que transmiten, los carteles pueden ser comerciales, culturales, políticos, informativos o educativos.

1. **Anota el material que necesitas para hacer un cartel.**

2. **Elige una de las siguientes situaciones para elaborar un cartel.**

   -• Anunciar la presentación de un grupo musical.
   -• Informar acerca de la campaña de vacunación contra la rabia.
   -• Invitar a los niños a cuidar el agua de la comunidad.
   -• Pedir a la gente que cuide y respete a los ancianos.

3. **Haz el dibujo y escribe el mensaje que pondrías en el cartel. Usa colores llamativos y emplea pocas palabras para el mensaje.**

4. **Elabora tu cartel en una cartulina.**

   -• Participa en la selección de los mejores carteles del grupo.

El cocodrilo

El cocodrilo es un reptil, como la serpiente, el camaleón y la tortuga. A estos animales se les llama reptiles porque reptan, es decir, se arrastran sobre su vientre. Los cocodrilos viven en las riberas de los lagos y de los ríos en lugares cálidos de África, América o Asia y son los mayores y más fuertes reptiles del mundo; algunos son cuatro veces más largos que un niño de diez años y cuarenta veces más pesados.

La piel de los cocodrilos es dura como una coraza de color verdoso con manchas amarillo-rojizas; está compuesta de escamas, es flexible, móvil y puede ondular. El hocico es muy fuerte; en sus maxilares hay 54 dientes enormes que pueden renovarse hasta 45 veces. La cola es muy musculosa y en ella las escamas forman una cresta. Los cocodrilos pueden permanecer debajo del agua una hora, ya que sus fosas nasales se cierran e impiden que entre agua en los pulmones. Un párpado muy fino y transparente se desliza sobre sus ojos y les permite ver dentro del agua; además, tienen los oídos protegidos por una membrana.

La temperatura del cuerpo de los cocodrilos cambia, como le ocurre a todos los reptiles: aumenta si hace calor y disminuye cuando refresca. Para conservar la misma temperatura, los cocodrilos pasan la noche en el río y al amanecer, cuando el agua está más fresca, salen a acostarse al Sol.

El cocodrilo es un astuto cazador; se sumerge en el agua para acechar a sus presas, que pueden ser grandes, como búfalos, cebras y gacelas, o pequeñas, como perros y monos. Después de una buena comida, el cocodrilo se echa para dormir la siesta en la orilla del río. Si no encuentra presas, puede estar dos o tres meses sin comer.

En la primavera, la madre cocodrilo excava un nido donde deposita unos cincuenta huevos blancos y los cubre con arena. Durante la incubación, la madre casi no come por no alejarse de sus huevos, que se convierten en un apetitoso alimento para muchos animales. Después de nueve o diez semanas, las crías rompen el cascarón. Cuando la madre oye sus gritos, excava y los ayuda a salir del nido. Tan pronto como pueden, todas las crías se precipitan hacia el agua para protegerse, pues los jaguares, los buitres, las cigüeñas y hasta los cocodrilos adultos son aficionados a comer la carne tierna de las crías de cocodrilo. Por eso, las crías se esconden en unos agujeros de la orilla del río durante quince días. Mientras crecen, viven todos juntos, lejos del grupo de los mayores. A pesar de estas precauciones, sólo vivirán dos crías de cada camada.

El cocodrilo suele vivir en grupos. Cada grupo tiene su territorio. Marcan sus fronteras dejando a su paso un fuerte olor a almizcle, emitido por una glándula que tienen bajo el vientre. El jefe del grupo se reserva el mejor lugar, el mayor número de hembras y los bocados más grandes y sabrosos.

Los cocodrilos son animales prehistóricos que están en peligro de extinción porque fueron perseguidos por su valiosa piel. Actualmente se encuentran protegidos en reservas. Las bolsas, los zapatos o los cinturones se fabrican ahora con la piel de cocodrilos criados especialmente en "granjas". El almizcle sirve para fabricar perfumes y la carne se come en algunos restaurantes de Asia.

Marie Farré. *Cocodrilos y caimanes* (adaptación).

Actividades de aprendizaje

1. **Comenta con tus compañeros de equipo.**

   - ¿Por qué se dice que el cocodrilo es un reptil?
   - ¿Qué sucede cuando un cocodrilo pierde un diente?
   - ¿Cómo logran los cocodrilos mantenerse mucho tiempo debajo del agua?
   - ¿Por qué sobreviven muy pocas crías del cocodrilo?

Trabajo en equipo

Elaboren un cartel para pedir la protección de animales en peligro de extinción.
Seleccionen los mejores carteles del grupo y colóquenlos en el periódico mural de la escuela.

2. **Reproduce en tu cuaderno el siguiente esquema y anota en él los datos correspondientes.**

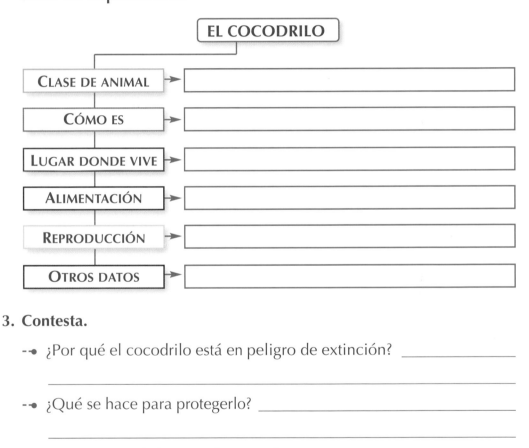

EL COCODRILO

- CLASE DE ANIMAL
- CÓMO ES
- LUGAR DONDE VIVE
- ALIMENTACIÓN
- REPRODUCCIÓN
- OTROS DATOS

3. **Contesta.**

   - ¿Por qué el cocodrilo está en peligro de extinción? _____

     _____

   - ¿Qué se hace para protegerlo? _____

     _____

   - ¿Qué opinas de la caza de animales? _____

     _____

Nos preparamos

◆ **Conversa con tus compañeros de equipo.**

   - Nombra las acciones que realiza una hembra de cocodrilo para tener sus crías.
   - Explica cómo crees que los cazadores atrapan a los cocodrilos.
   - Menciona lo que harías para proteger a los cocodrilos de los cazadores.
   - De las palabras que empleaste, di cuáles son las que expresan acciones.

El verbo: número, persona y tiempo

◆ **Escribe lo que hace cada personaje.**

El niño _____   El perro _____   La señora _____

◆ **Clasifica las palabras que expresan acciones, según quién o quiénes las realizan.**

bailo
patinas
trabajamos
corren

FORMAS EN SINGULAR (una persona)	FORMAS EN PLURAL (varias personas)
bailo	

◆ **Observa la siguiente flecha del tiempo. Después, contesta cada pregunta con tres acciones y anótalas en los espacios correspondientes.**

-→ ¿Qué hiciste ayer?   -→ ¿Qué haces hoy?   -→ ¿Qué harás mañana?

PASADO (antes) Ayer **bailé**	PRESENTE (ahora) Hoy **bailo**	FUTURO (después) Mañana **bailaré**
_____	_____	_____
_____	_____	_____

◆ **Con tus compañeros de equipo, escriban en sus cuadernos algunos ejemplos para las afirmaciones del siguiente texto.**

Los **verbos** son las palabras que nombran las **acciones** que realizamos. Ejemplo: comer, dormir, pintar.

Cada verbo tiene varias **formas verbales**. Ejemplos: pinto, pintaron, pintaste, pintamos, pintará...

El conjunto de todas las formas de un verbo se llama **conjugación**.

Las formas verbales pueden estar en **singular** o en **plural**.

Las formas verbales pueden estar en primera persona (yo, nosotros, nosotras), en segunda persona (tú, ustedes) o en tercera persona (él, ella, ellos, ellas).

Además, los verbos expresan acciones que ocurrieron en el **pasado** (antes), que están ocurriendo en el **presente** (ahora) o que ocurrirán en el **futuro** (después).

Cada verbo tiene varios tiempos; unos son **tiempos del pasado** o **tiempos pretéritos**; otros son **tiempos del presente** y otros son **tiempos del futuro**.

Actividades de aprendizaje

1. Clasifica estas formas verbales.

SINGULAR (yo, tú, él, ella)	PLURAL (nosotros, nosotras, ustedes, ellos, ellas)
yo jugué	

compraron   corres

dibujó   jugué

contamos   bailan

leo   corren

bañaste   descubrimos

cantará   trabajan

2. Escribe en tu cuaderno doce oraciones en las que utilices las formas verbales anteriores.

Ejemplo: Ayer jugué futbol con mis primos.

3. Las formas verbales de estos versos de Alejandro Casona están en tiempo presente. Copia los versos, pero anota los verbos en pretérito.

La Luna pesca en el agua
con sus anzuelos de plata.
El sapo canta en la yerba,
la rana sueña en el agua.
Y el cuco afila la voz
y el pico contra las ramas.

La Luna pescó en el agua

4. Ahora, escribe los versos pero con las formas verbales en futuro.

La Luna pescará en el agua

Ortografía

La m antes de b y p

En una palabra, la letra **m** puede aparecer **antes** de una de las cinco **vocales**. Ejemplos: música, amarillo, camello, miel, amoroso.

En cambio, la letra **m** sólo puede aparecer **antes** de las consonantes **b** o **p**. Ejemplos: sombra, tómbola, timbre, siempre, campeón, compañero.

Cuando la letra **m** se une a las consonantes **b** o **p** se forman los grupos consonánticos **mb** y **mp**. Ejemplos: cambio, trompo.

En una palabra, los grupos consonánticos **mb** y **mp** forman parte de **sílabas diferentes**. Ejemplos: hom - bro, tim - bre, tram - po - lín, com - pás.

1. Subraya las palabras que tienen los grupos mb o mp y anótalas en el lugar correspondiente.

Cambio de tiempo

Los campesinos estaban preocupados por el cambio de tiempo. Los truenos habían empezado a retumbar y el ambiente cargado anunciaba lluvia. ¿Qué ocurriría con sus campos recién sembrados?

PALABRAS CON MB	PALABRAS CON MP

2. Escribe los nombres de los siguientes dibujos.

_____ _____ _____ _____

3. Completa las oraciones con mb o con mp.

-• El elefante alargaba la tro_____a porque tenía ha_____re.

-• La señora A_____aro co_____ró un so_____rero nuevo.

-• Este ho_____re vende productos del ca_____o.

4. Resuelve el siguiente crucigrama.

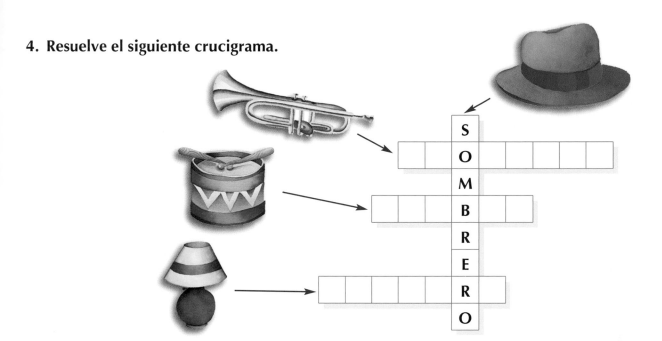

5. Completa con mb o mp.

Un día perdido

Los excursionistas salieron te____rano, pues querían llegar a la cu____re antes del anochecer; pero perdieron mucho tie____o en el camino y tuvieron que regresar al ca____amento. Ahí encendieron una buena lu____re para preparar su comida, ya que estaban ha____rientos y cansados.

Para terminar

1. Realiza las siguientes actividades con tus compañeros de equipo.

--• Piensa en alguna experiencia de la cual pudiste obtener un conocimiento o una enseñanza.
--• Narra tu experiencia y trata de aplicarle algún refrán.

2. Escucha la narración de tus compañeros y observa qué tiempos verbales emplean con mayor frecuencia.

--• Di a tus compañeros qué tiempo verbal predominó y por qué.

3. Ahora, narra algo que vayas a hacer. Emplea los verbos en tiempo futuro.

91

Taller 4 El manejo de los libros

1. Marca con una ✔ **el tema que puedes encontrar en un libro acerca de los perros.**

☐ Cuidados de los perros.

☐ Las funciones de las plantas.

☐ Animales salvajes.

El **título** de un libro proporciona información acerca del **contenido general** de éste.

Muchos libros también cuentan con un **índice**; en éste se detalla el contenido y el **número de las páginas** en que se encuentra la información.

---

2. Observa.

¿Cuántas estrellas tiene una galaxia?

Mira en la página 8, donde dice **galaxias**.

BIBLIOTECA VISUAL ALTEA

gatos

Suves y crueles, entrañables y, a veces, peligrosos, los felinos, grandes o pequeños, resultan fascinantes, ya sean tigres o gatos callejeros, leones, linces, panteras o gatos recién nacidos. De005 una vuelta entre garras y cretías para descubrir la verdadera naturaleza de estos extraordinarios seres de cuatro patas.

Sumario

6
¿Qué es un gato?
8
Los primeros felinos
10
El clan de los gatos
12
Los huesos desnudos
14
Por dentro
16
Supersentidos
18
Movimientos magníficos
20
Sesión de limpieza
22
Jugando al ratón y al gato
24
Los jóvenes
26
Características de los felinos
28
El rey de los gatos
30
Un tigre, dos tigres, tres tigres
32
Trepador de árboles
34
Un gato de agua
36
Alta sociedad
38
Vagabundos de las llanuras

40
Gatos de bosque
42
El rey de la velocidad
44
La parentela de un gato
46
La domesticación
48
Mitos y leyendas
50
Aristogatos
52
Gatos de pelo corto
56
Gatos de pelo largo
58
Gatos curiosos
60
Vida callejera
62
Cuidados para el gato
64
Índice

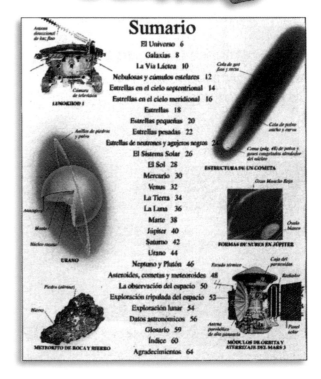

Sumario

El Universo 6
Galaxias 8
La Vía Láctea 10
Nebulosas y cúmulos estelares 12
Estrellas en el cielo septentrional 14
Estrellas en el cielo meridional 16
Estrellas 18
Estrellas pequeñas 20
Estrellas pesadas 22
Estrellas de neutrones y agujeros negros 24
El Sistema Solar 26
El Sol 28
Mercurio 30
Venus 32
La Tierra 34
La Luna 36
Marte 38
Júpiter 40
Saturno 42
Urano 44
Neptuno y Plutón 46
Asteroides, cometas y meteoroides 48
La observación del espacio 50
Exploración tripulada del espacio 52
Exploración lunar 54
Datos astronómicos 56
Glosario 59
Índice 60
Agradecimientos 64

-• Fíjate en el sumario o índice de contenidos de arriba.

-• Escribe en qué páginas puedes encontrar la respuesta de las siguientes preguntas:

-• ¿Cómo es Júpiter? _____

-• ¿Qué es la Vía Láctea? _____

-• ¿Qué es una nebulosa? _____

-• ¿Cuánto mide el Sol? _____

3. Lee y observa.

Éste es el índice de un libro de Ciencias y está dividido en temas. Cada tema tiene un título, pero además consta de varios subtítulos que detallan aún más su contenido.

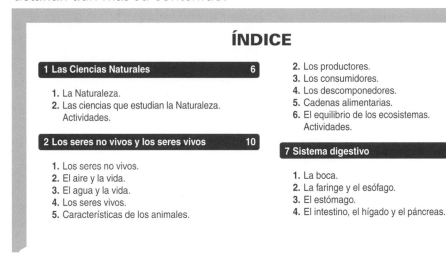

ÍNDICE

1 Las Ciencias Naturales   6

1. La Naturaleza.
2. Las ciencias que estudian la Naturaleza.
   Actividades.

2 Los seres no vivos y los seres vivos   10

1. Los seres no vivos.
2. El aire y la vida.
3. El agua y la vida.
4. Los seres vivos.
5. Características de los animales.

2. Los productores.
3. Los consumidores.
4. Los descomponedores.
5. Cadenas alimentarias.
6. El equilibrio de los ecosistemas.
   Actividades.

7 Sistema digestivo   40

1. La boca.
2. La faringe y el esófago.
3. El estómago.
4. El intestino, el hígado y el páncreas.

El índice de un libro también recibe el nombre de **sumario**.

El índice puede aparecer al principio o al final del libro.

4. Contesta.

-• ¿Cuántos temas se muestran? _____

-• ¿En qué tema puedes encontrar información acerca de los seres vivos? _____

-• ¿En qué tema puedes encontrar información acerca de la faringe y el esófago? _____

-• ¿Qué es un subtítulo? _____
_____

-• ¿Cuántos subtítulos tiene el tema 2? _____

5. Lee en voz alta los subtítulos del tema 7.

6. Consulta el índice de este libro de Español y comenta con tus compañeros cómo está dividido.

-• Menciona en qué página empieza la lección 3.

7. Revisa el índice de tus libros escolares y comenta con tus compañeros cuál es su utilidad.

8. Solicita un libro de cuentos en la biblioteca de tu escuela.

-• Fíjate en el título del libro y después revisa el índice.
-• Comenta qué aparece en el índice del libro.
-• Lee el cuento cuyo título te parezca más interesante.

9 ¡QUÉ ARGUMENTOS!

Cuando queremos convencer a una persona de que realice la misma actividad que nosotros, le exponemos diversas razones. Fíjate en las razones que dan los personajes de esta historieta.

Tito, el día está muy lindo. ¡Podríamos ir al lago!

¿Al lago? ¡Está muy lejos!

¡Ándale, vamos al lago! Ahí podemos pescar, nadar y hasta pasear en una lancha.

Yo prefiero ir al bosque. Allí podríamos ver las ardillas, jugar con las mariposas y acostarnos bajo los árboles para ver el Sol entre las ramas.

Lo siento Tere, pero creo que no podremos ir a ningún lado.

Tienes razón, Tito. Será mejor quedarnos en la casa.

1. Comenta con tus compañeros.

- ¿Dónde se encuentran los personajes de la historieta?
- ¿Qué quiere hacer Tere? ¿Qué desea hacer Tito?
- ¿Cuáles son las razones de Tere para ir al lago?
- ¿Qué razones da Tito para ir al bosque?

2. Contesta.

- Al final, ¿qué hacen Tere y Tito? _____
- ¿Por qué? _____
- ¿Qué preferirías hacer tú? _____
- ¿Por qué? _____

La argumentación

La **argumentación** es la forma que utilizamos para tratar de probar la verdad de una afirmación o dar las razones en que se basan nuestras opiniones.

Los **argumentos** son los razonamientos que usamos para demostrar algo o para convencer a alguien.

1. **Dibuja tu cara en los recuadros y escribe argumentos en favor o en contra de las propuestas de cada personaje.**

¿Qué te parece si cortamos las rosas del parque para regalárselas a la maestra?

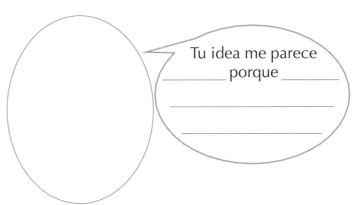

Tu idea me parece _____ porque _____

_____

_____

¿Qué te parece si nos disfrazamos y asustamos a los niños de primero?

Yo creo que

_____

_____ porque _____

_____

_____

2. **¿A qué lugar prefieres ir de vacaciones? Escribe tres razones.**

_____

_____

_____

Guerra a muerte contra la viruela

En el siglo XVIII, la viruela era la enfermedad responsable de la décima parte del total de fallecimientos y de un gran número de cegueras. Las pocas personas que lograban sobrevivir después de esta enfermedad quedaban desfiguradas. Con frecuencia, cuando la policía quería localizar a un individuo, daba como señas particulares la ausencia de huellas de viruela en su cara.

Ésta era la situación cuando el aprendiz de cirujano Eduardo Jenner decidió abandonar Londres e irse a curar enfermos al campo. Jenner no se imaginó que ahí su suerte y la de la humanidad cambiarían.

En el campo, Jenner se enteró de que a las vacas les aparecían de vez en cuando pequeñas erupciones y pústulas en las ubres y que, después de cierto tiempo, se presentaban también en las manos de los ordeñadores. A esta enfermedad le llamaban vacuna.

Jenner se sorprendió al saber que, a pesar de los granos y de la fiebre, los ordeñadores presumían con satisfacción de haberse contagiado de las vacas. ¿Por qué? Muy sencillo: habían notado que si se enfermaban de vacuna, no se enfermaban después de viruela. Y, desde luego, si una cosa valía la pena, era contraer ligeramente la "enfermedad de las vacas" para no enfermarse mortalmente de viruela.

En 1775, Eduardo Jenner decidió comprobar estos hechos e inició sus investigaciones. Pronto sus cuidadosas observaciones dieron los primeros frutos: descubrió que había dos tipos de enfermedad vacuna y que sólo una de ellas protegía a los enfermos de la viruela. También descubrió que algunos caballos presentaban hinchazones y pústulas en las patas, que podían transmitir a las personas y, como en el caso de los ordeñadores, los caballerangos contagiados ya no se enfermaban de viruela.

El 14 de mayo de 1796, Jenner tomó una decisión histórica: recogió con una aguja un poco de material de las pústulas de una ordeñadora; con la aguja arañó el hombro de un niño de ocho años y le transmitió la enfermedad vacuna... ¡además de un considerable susto!

Pasó el tiempo... y el susto. Dos meses después, cuando el niño estaba recuperado de la enfermedad, Jenner le transmitió ¡gérmenes de viruela! Sin embargo, el niño no se enfermó. Se había logrado la primera "vacunación" efectiva de la historia y, a partir de ese momento, la viruela inició su retirada, condenada ya a la derrota definitiva; pero no fue tan simple. Para asegurarse, Jenner tuvo que esperar dos largos años antes de encontrar otro enfermo de vacuna y por supuesto... otro niño.

Jenner volvió a tener éxito; llamó entonces "vacuna" a su inoculación, asustando con el nombre a muchas personas que se negaban a creer que la "suciedad de las vacas" pudiera protegerlas.

Poco a poco, otros médicos se fueron animando a probarla, pero fue necesario que la familia real inglesa se vacunara para asegurar el éxito de Jenner.

En 1807, todos los países europeos usaban la vacuna para combatir la viruela y, desde ese momento, empezó a extenderse por el resto del mundo.

Horacio García. Revista *Chispa* (adaptación).

Actividades de aprendizaje

1. **Marca con una** ✔ **el tema del texto.**

☐ La enfermedad de la viruela.

☐ El descubrimiento de la vacuna contra la viruela.

☐ La enfermedad de las vacas.

2. **Contesta.**

-● ¿Crees que es importante el descubrimiento de Jenner? _____

-● ¿Por qué? _____

-● ¿Por qué Jenner llamó vacuna a su inoculación? _____

_____

-● ¿Por qué son importantes las vacunas? _____

_____

-● ¿Qué hubieras hecho tú en lugar de los niños inoculados? _____

_____

3. **Escribe otro título que le pondrías al texto.**

_____

4. **Imagina los argumentos que utilizó Jenner para que los niños se dejaran vacunar y anótalos.**

_____

_____

_____

Nos preparamos

◆ **Combina adecuadamente cada sujeto con un predicado, forma oraciones y escríbelas en tu cuaderno.**

SUJETO	PREDICADO
Los niños	protegen de las enfermedades.
La viruela	realizó varios experimentos.
Las vacunas	sanaron rápidamente.
El cirujano	era una enfermedad mortal.

La concordancia

◆ **Lee el mensaje que encontró Tania en la pantalla de su computadora.**

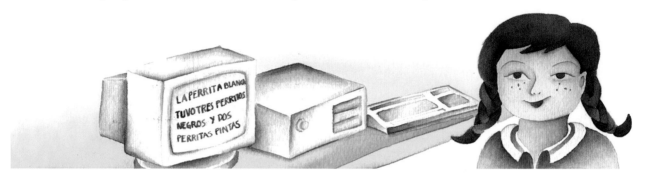

◆ **Contesta.**

--● ¿Cuál es el sujeto del mensaje que encontró Tania? _____

--● ¿De qué clase son las palabras que forman el sujeto? _____

--● ¿Qué género y número tienen las palabras que forman el sujeto? _____

_____

◆ **Escribe el predicado de la oración que está en la computadora.**

_____

--● Rodea el verbo y di qué número y persona tiene.
--● Subraya con rojo los sustantivos y con negro los adjetivos que aparecen en el predicado.
--● Comprueba si el verbo tiene el mismo número que el sustantivo del sujeto.
--● Menciona el género y el número del sustantivo del sujeto.

◆ **Comenta con tus compañeros la siguiente información.**

La perrita blanca tuvo tres perritos negros y dos perritas pintas.

Los perritos nacieron el sábado.

La palabra **la** es un artículo. La palabra **perrita** es un sustantivo. La palabra **blanca** es un adjetivo. Cuando estas palabras aparecen juntas en una oración, tienen el mismo **género** y el mismo **número**, es decir, **concuerdan**. En este caso, el artículo, el sustantivo y el adjetivo tienen género femenino y número singular.

En una oración, el **sujeto** concuerda en **número** con el **verbo** del predicado. Por ejemplo, en la oración **Los perritos nacieron el sábado**, las palabras que forman el sujeto (Los perritos) concuerdan en número con el verbo **nacieron**; las tres palabras están en plural.

1. Escribe un sustantivo y un adjetivo detrás de cada artículo.

-• el _____   -• la _____

-• los _____   -• las _____

2. Escribe un artículo y un adjetivo para cada sustantivo.

-• _____ noche _____   -• _____ camino _____

-• _____ castillos _____   -• _____ mañanas _____

3. Completa los anuncios con los adjetivos adecuados. Recuerda que deben concordar en género y número con los sustantivos.

SE VENDE jirafa <u>coja</u> para trabajos livianos	**COMPRO dragón** _____ **para espantar brujas**	**CAMBIO tres burros** _____ **por un caballo** _____
REMATAMOS COCODRILO _____ **para acompañar a señoritas** _____ .	**PERMUTO RATÓN** _____ **por elefante** _____	**ALQUILO RANAS** _____ para atrapar mosquitos _____ .

4. Haz concordar el sujeto con el predicado correspondiente de las siguientes oraciones.

El jaguar   depositan la miel en el panal.
Los tarahumaras   refleja la luz del Sol .
Las abejas   está en peligro de extinción.
La Luna   viven en la sierra de Chihuahua.

-• Escribe ahora las oraciones correctas.

-• _____

-• _____

-• _____

-• _____

Adivina, adivinador

Era invierno y la tarde estaba lluviosa y fría. Tania y Rodrigo estaban dentro de la casa. Mamá les dijo que no salieran al jardín porque podían mojarse y pescar un resfrío. Se quedaron en la cocina recortando figuritas de unas revistas viejas y comiendo galletas recién horneadas.

Al rato, escucharon el silbido característico del abuelo Tomás. Los niños se alegraron mucho y corrieron a su encuentro. Tenían ganas de reírse un rato hablando con él. Y es que el abuelo sabía tantas cosas...

Los niños siempre escuchaban atentos todo lo que el abuelo les decía. Les contaba historias maravillosas, les decía refranes, les proponía acertijos y los hacía jugar con las palabras. Era como un mago del lenguaje.

—Abuelo, ¿nos vas a contar algo chistoso? —preguntó Tania.

—¡No, no! ¡Mejor cuéntanos una historia de terror! —pidió Rodrigo.

El abuelo se quedó pensando. Luego dijo:

—¿Qué les parece si mejor jugamos a las adivinanzas?

—¡Sí, sí! —contestaron los niños entusiasmadísimos.

—Está bien. Yo les diré las adivinanzas y ustedes escribirán las respuestas en un papel.

Todos regresaron a la cocina, que estaba tan calientita. Cada uno tomó un lápiz y un papel y el abuelo comenzó:

Grita y habla todo el día,
y lo llaman Polidoro,
verde como la sandía
porque se trata de un ....

—¡Yo sé qué es! —gritó Rodrigo.

—¡No lo digas! —Dijo el abuelo—. Recuerda que tienes que escribirlo. Bueno, a ver si adivinan esta otra:

Nos lo trajeron de un río,
hace poco más de un mes,
vive mojado y sin frío
porque se trata de un...

—Y, por último, pongan atención a esta adivinanza:

Tengo de rey la cabeza,
calzo espuela pavonada,
llevo barba colorada;
mi sueño temprano empieza
y madrugo a la alborada.

Rodrigo escribió en el papel las palabras "toro", "pez" y "pavo real".

Tania escribió "loro", "pez" y "león".

Rodrigo había acertado una adivinanza. En cambio, Tania había acertado dos. Pero ninguno de los dos acertó la respuesta de la tercera. El abuelo, sonriendo, les dijo que tenían todo el invierno para pensar la respuesta de la tercera adivinanza.

María Llorens y Luz María Novoa (adaptación).

Actividades de aprendizaje

1. Contesta.

‑● ¿Qué razones les dio la mamá a los niños para que no salieran a jugar? _____

_____

‑● ¿Por qué el abuelo era un mago del lenguaje? _____

_____

‑● ¿Cuál es la respuesta de la primera adivinanza? _____

‑● ¿Y de la segunda? _____

2. ¿Conoces la respuesta de la tercera adivinanza? Dibuja lo que es y explica por qué lo sabes.

_____

_____

_____

_____

3. Indica qué característica se menciona en cada adivinanza o cuál es la pista que se da para conocer la respuesta.

4. Comenta con tus compañeros.

‑● ¿Les gustan las adivinanzas? ¿Por qué?
‑● ¿Quién les enseñó las adivinanzas que conocen?
‑● ¿Con quién prefieren jugar a las adivinanzas?

5. Juega con tus compañeros a decir adivinanzas.

Redactamos

◆ **Elige uno de estos animales para inventar una adivinanza.**

‑● Piensa en sus características y redacta la adivinanza en tu cuaderno.
‑● Recuerda que puedes hacer que rimen las palabras.
‑● Revisa tu texto, ilústralo y léelo a tus compañeros.

101

Ortografía

Los dos puntos

Escribimos **dos puntos (:)** en estos casos:

-• Para introducir las palabras o expresiones que pronunció una persona, tal y como las dijo. Ejemplo: La maestra anunció**:** "Mañana vamos a ir al teatro".

-• Para escribir una enumeración que está anunciada. Ejemplo: Tengo tres hermanos**:** Juan, Toño y Pepe.

-• Después del saludo que encabeza una carta, una tarjeta postal o un recado. Ejemplo:

> Mamá**:**
>
> Fui a casa de mi abuelita. Regreso a las cinco.
>
> María.

1. Completa las oraciones con enumeraciones. Pon los dos puntos y las comas.

-• Tengo muchos amigos _____

-• Muchos regalos recibí en mi cumpleaños _____

_____

-• En esa tiendita puedes encontrar de todo _____

_____

2. Imagina y completa. Pon dos puntos para anunciar lo que dijo cada personaje.

¿Me acompañas al parque?

Un diálogo amistoso

La niña preguntó _____

_____

Su amiga respondió _____

_____

3. Pon los dos puntos en el lugar que les corresponde.

Un tesoro oculto

Un día, el duende le dijo a su padre

Las sirenas poseen muchas riquezas ocultas perlas,

diamantes, esmeraldas...

Iré a buscar su tesoro.

4. Completa este recado. Pon los dos puntos, las comas y los puntos que faltan.

> 10 de diciembre de
>
> Jaime :
>
> Por favor, ve a la papelería y cómprame los siguientes útiles:un lápiz,un cuaderno rayado,una goma y un
>
> Lety

5. Escribe una carta para el presidente de la República.

- Cuéntale qué te gustaría que mejorara en tu comunidad. También le puedes decir cómo lo podrías ayudar tú.
- Completa los datos que faltan y utiliza los dos puntos adecuadamente.
- No olvides firmar tu carta.

> Señor Presidente de la República
>
> _____
> _____
> _____
> _____
> _____
>
> Le deseo mucho éxito y hasta pronto.
>
> _____

Para terminar

1. Imagina que un día te encuentras a una persona desconocida que te invita a pasear por el parque.

- Escribe en tu cuaderno los argumentos que esa persona podría darte para convencerte.
- Después, escribe los argumentos que tú le darías para no ir con ella.
- Revisa la ortografía de tu texto y la concordancia de tus oraciones.

En ocasiones, cuando no podemos comunicarnos directamente con una persona porque no la encontramos, lo que hacemos es dejarle un mensaje. Observa de qué manera se trasmiten los mensajes en los siguientes dibujos.

1. Comenta con tus compañeros.

- ¿Quiénes envían los mensajes en los dibujos anteriores?
- ¿A quiénes se dirigen los mensajes?
- ¿Cómo se transmiten los mensajes?

2. Reúnete con tus compañeros de equipo.

- Piensen de qué otra forma se puede trasmitir mensajes y coméntenlo con el grupo.

3. ¿Qué les sucedió a estas personas? Digan qué mensajes les enviarían y de qué manera les llegaría.

El recado

El **recado** es un mensaje breve, oral o escrito, que una persona deja o envía a otra cuando no puede comunicarse directamente con ella.

Un recado escrito consta de las siguientes partes:

-● La **fecha** en que se escribe el recado.

-● El **nombre** del **destinatario**; es decir, de la persona a quien se dirige.
-● El **mensaje**.
-● La **firma** de la persona que envía el recado.

1. Escribe a un amigo tuyo un recado para invitarlo al cine el próximo domingo.

2. Cambia los dibujos por las letras o palabras adecuadas y escribe el recado siguiente en tu cuaderno.

 ardo:

Fui a la  de Es nza para ayudarle a preparar el de mamá.

Por favor, compra en la : los , los y las .

Mari ☀

3. Elige un compañero y envíale un recado con palabras y dibujos.

4. Juega con tus compañeros al "teléfono descompuesto".

-● Uno de ustedes escribe en una hoja un mensaje y lo guarda. Después, le dice en secreto el mensaje al compañero de junto.
-● Éste, a su vez, le trasmite el mismo mensaje al compañero de al lado.
-● Se continúa del mismo modo hasta que el último compañero reciba el mensaje y lo diga en voz alta ante el grupo.
-● Al final, se comprueba si el mensaje recibido es el mismo que está escrito en la hoja.

Nombres de origen indígena

◆ **Colorea los rótulos de los lugares que tienen nombres de origen indígena.**

Volcán Citlaltépetl

Río Grijalva

Santa María del Oro

Río Papaloapan

Huejotitlán

Volcán de Fuego

◆ **Localiza en la sopa de letras ocho palabras que proceden de alguna lengua indígena y escríbelas.**

M	J	Í	C	A	M	A	M	C
A	X	Ñ	E	L	O	T	E	H
Í	G	U	A	J	E	O	S	I
Z	R	T	A	M	A	L	A	L
Y	C	O	Y	O	T	E	W	E

_____   _____

_____   _____

_____   _____

_____   _____

◆ **Lee en voz alta la siguiente información y discútela con tus compañeros.**

El **español** es la lengua oficial de México; sin embargo, en nuestro país hay regiones en las que también se hablan **lenguas indígenas**, las cuales forman parte de nuestra tradición cultural; por ejemplo, el náhuatl, el otomí, el maya y el tarahumara.

Una gran cantidad de las palabras que usamos son de origen indígena y ya forman parte de la lengua española; por ejemplo: aguacate, cacahuate, jitomate, cacao...

Muchos lugares de México conservan los nombres indígenas que les pusieron sus habitantes; por ejemplo: volcán Popocatépetl, río Papaloapan, laguna de Zirahuén, ciudad de Chihuahua.

También podemos encontrar personas con nombres y apellidos procedentes de alguna lengua indígena. Por ejemplo: Dení García, Cuauhtémoc Solórzano o Sakay Umán.

El sonido de las palabras y la forma en que se combinan algunas letras nos permiten identificar qué vocablos proceden de una lengua indígena. Por ejemplo:

ocelote	ajolote	guajolote
Yautepec	Tomaltepec	Amatepec
Zinapécuaro	Tacámbaro	Pátzcuaro
Dzan	Dzilam	Dzitás
Chenalhó	Polhó	Pantelhó

Actividades de aprendizaje

1. **Escribe las palabras de origen indígena que se emplean en tu comunidad para nombrar lo que representan las imágenes.**

_____ _____ _____ _____

2. **Sustituye la palabra destacada en cada oración por una de las palabras de origen indígena de la derecha.**

-• Este **niño** rompió la maceta.
-• Mi mamá fue al **mercado**.
-• Ese conejo come **pasto** fresco.
-• El viento derrumbó la **choza**.

zacate
jacal
chamaco
tianguis

_____ _____

_____ _____

3. **Pregunta a un familiar cinco nombres de lugares de origen indígena y escríbelos.**

-• <u>Yucatán</u>   -• _____   -• _____

-• _____   -• _____   -• _____

4. **Lee el siguiente texto y rodea las palabras de origen indígena.**

Nayeli había estado en Atlixco, San Salvador el Verde, Huejotzingo y Tehuacán. Sin embargo, ella prefería Cuetzalan, con sus casas de tejas rojas, sus calles empedradas y su pintoresco mercado.

En el mercado, Nayeli disfrutaba mucho escuchando los gritos de los vendedores:

—¡Marchanta, lleve sus granos de maíz para el pozole! Tenemos verduras frescas: verdolagas, chayotes, nopales, hojas de maguey para los mixiotes de pollo... Lo que quiera —ofrecía el señor de las verduras.

—¡Guera! Lleve sus tortillas hechas a mano, también hay tlacoyos y gorditas de requesón

—decía una mujer que tenía varias canastas.

—¡Mire qué buenos comales para calentar las tortillas! Tengo molcajetes para la salsa, mecates para los columpios de los chilpayates o jaulitas para el cenzontle cantador. ¿Qué me compra? —preguntaba otro vendedor.

—¡Es por aquí! ¿Quiere un huipil bordado en rojo? Mire, también tengo paliacates de colores y huaraches de cuero —mostraba otra mujer.

—Cenzontles, jilgueros, canarios, calandrias. ¡Oiga qué chulada de canto! Pero si quiere, hasta chachalacas le consigo —ofrecía el pajarero.

La leyenda del murciélago

Las mariposas que hoy vemos, sin tierra que las orille, que se pueden posar en las flores, en la superficie de las aguas y hasta en las trémulas ramas del aire, no son otra cosa que una fracasada imagen de lo que el murciélago fue en otro tiempo: el ave más bella de la creación.

Pero no siempre fue así: cuando la luz y la sombra echaron a andar, el murciélago era como ahora lo conocemos y se llamaba *biguidibela*: *biguidi,* mariposa, y *bela*, carne; mariposa en carne, es decir, desnuda. La más fea y más desventurada de todas las criaturas era entonces el murciélago. Y un día, acosado por el frío, subió al cielo y dijo a Dios:

—Me muero de frío. Necesito plumas.

Y como Dios, aunque no cesa de trabajar, no vuelve las manos a tareas ya cumplidas, no tenía ninguna pluma. Así fue que le dijo que volviera a la tierra y suplicara en su nombre una pluma a todas las aves. Porque Dios da siempre más de lo que se le pide.

Y el murciélago, vuelto a la tierra, recurrió a aquellos pájaros de más vistoso plumaje. La pluma verde del cuello de los loros, la azul de la paloma azul, la blanca de la paloma blanca, la tornasol de la chuparrosa, su más próxima imagen actual: todas las tuvo el murciélago.

Y orgulloso volaba sobre las sienes de la mañana, y las otras aves, refrenando el vuelo, se detenían para admirarlo. Y había una emoción nueva que agitaba los sentidos sobre la tierra. A la caída de la tarde, volando con el viento del poniente, coloraba el horizonte. Y una vez, viniendo de más allá de las nubes, creó el arco iris, como un eco de su vuelo. Sentado en las ramas de los árboles abría alternativamente las alas, sacudiéndolas en un temblor que alegraba el aire. Todas las aves comenzaron a sentir envidia de él; y el odio se volvió unánime, como un día lo fue la admiración.

Entonces los pájaros subieron al cielo, el colibrí adelante. Dios oyó su queja. El murciélago se burlaba de ellos; además, con una pluma menos padecían frío. Y ellos mismos trajeron el mensaje celestial en que se llamaba al murciélago. Cuando estuvo en la casa de allá arriba, Dios le hizo repetir los ademanes que de aquel modo habían ofendido a sus compañeros; y agitando las alas se quedó otra vez desnudo. Se dice que todo un día llovieron plumas del cielo.

Y desde entonces sólo vuela en los atardeceres en rápidos giros, cazando plumas imaginarias. Y no se detiene, para que nadie advierta su fealdad.

Andrés Henestrosa

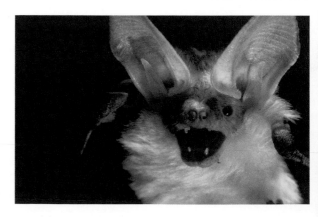

Actividades de aprendizaje

Sugerencias

Las **leyendas** son historias populares que surgieron hace mucho tiempo. Por medio de las leyendas, la gente trataba de explicar sucesos que le parecían extraños.

Los padres narraban leyendas a sus hijos y así fueron pasando de una generación a otra.

A veces, cuando una persona cuenta una leyenda, le añade cosas de su imaginación; por eso, encontramos la misma leyenda contada de manera diferente. Las leyendas se transmiten de manera oral hasta que alguna persona las recoge y las escribe.

Pide a tus familiares que te cuenten leyendas; luego, elige las que más te gusten, escríbelas en tu cuaderno e ilústralas.

1. Contesta.

- ¿Por qué el murciélago es un animal tan feo? _____

_____

- ¿Cómo se explica en el texto el origen de la fealdad del murciélago? _____

_____

- ¿Por qué surgió la rivalidad entre el murciélago y las aves? _____

_____

2. Numera los hechos de acuerdo con el orden en que ocurrieron en la leyenda.

☐ El murciélago solicitó a cada ave una pluma.

☐ Con las plumas recibidas, el murciélago se transformó en el ser más bello de la creación.

☐ Las aves, envidiosas, se fueron a quejar ante Dios.

☐ El murciélago era el ser más desdichado y desagradable del mundo.

☐ Dios hizo que el murciélago perdiera sus plumas.

☐ Muerto de frío, el murciélago le pidió a Dios unas plumas.

3. Escribe qué opinas del relato de Andrés Henestrosa.

_____

Redactamos

◆ **Imagina una historia que explique alguno de estos hechos:**

- ¿Por qué los nahuas conocían al guajolote como "gran ave monstruosa"?
- ¿Por qué los mapaches tienen en la cara una mancha negra que les rodea los ojos?
- ¿Por que la piel del tigre está manchada?

◆ **Escribe el principio, el desarrollo y el desenlace de la historia.**

- Revisa la ortografía de tu texto y, si es necesario, corrígelo.
- Ilustra la historia y léela a tus compañeros.

Ortografía

Palabras con h

Se escriben con **h**:

-→ Las palabras que empiezan con **hie-**.
Ejemplo: **hie**lo ➤ Dame un vaso de agua de limón con mucho **hielo**.

-→ Las palabras que empiezan con **hum-**.
Ejemplo: **húm**edo ➤ El murciélago vive en lugares **húmedos**.

-→ Las palabras que empiezan con **hue-**.

Ejemplo: **hue**co ➤ El ave vive en el **hueco** de un árbol.

-→ Las palabras de origen indígena que empiezan con **hua-**. Ejemplo: **Hua**tulco ➤ Fuimos de vacaciones a **Huatulco**.

-→ Las palabras de origen indígena que empiezan con **hui-**. Por ejemplo: **hui**zache ➤ Esas plantas se llaman **huizaches**.

1. Observa los dibujos y escribe cada palabra al lado de la definición correspondiente.

huacal

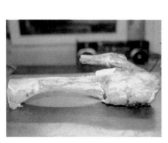
hueso

hielo

huipil

_____ : agua solidificada por el frío.

_____ : pieza que forma parte del esqueleto de un vertebrado.

_____ : caja elaborada con tiras anchas de madera que se emplea para empacar y transportar frutas y hortalizas.

_____ : prenda de algodón con bordados que usaba la mujer azteca y que aún se utiliza en algunas regiones del país.

2. Completa el texto con la palabra adecuada.

huecos   huevos   hierbas   húmedos

El quetzal es un ave muy bella; vive en los bosques _____ donde hay muchas _____. Le gusta construir su nido en los _____ de los árboles viejos. La hembra del quetzal pone dos _____ de color azul claro.

3. Localiza nueve palabras con h y anótalas donde corresponde.

O	P	H	U	E	L	L	A
S	H	U	M	A	N	O	L
O	H	M	A	N	O	H	M
H	I	E	D	R	A	U	H
U	E	D	H	L	C	E	U
E	N	A	S	T	Y	R	M
C	A	D	V	R	F	T	O
O	H	I	E	R	B	A	K

PALABRAS CON HIE-

_____ _____ _____

PALABRAS CON HUE-

_____ _____ _____

PALABRAS CON HUM-

_____ _____ _____

4. Completa los anuncios con hua-, hue- o hui-.

OPORTUNIDAD

Vendo siete _____sos auténticos de dinosaurio.

¡Cuidado!

Protege los _____vos de tortuga.

Ganga

Lleve sus _____raches de cuero a mitad de precio.

¡Oferta!

Vendo cinco _____piles bordados a mano.

Para terminar

1. Imagina una historia en la que participen los personajes del dibujo.

- Escribe la historia en tu cuaderno. Utiliza palabras de origen indígena.

Hola Dení. ¿Por qué estás tan asustada?

Porque en el río Humaya…

- Intercambia tu texto con algún compañero. Subraya en el texto que recibiste las palabras de origen indígena y, si es necesario, corrige la ortografía.

Taller 5 Imágenes para un cuento

1. Observa con atención la siguiente historieta.

-→ Imagina lo que dicen los personajes.

Una **historieta** puede ser transformada en un **cuento**, porque ambos tipos de texto poseen las siguientes rasgos:

- Narran una historia que puede basarse en hechos reales o fantásticos.
- En la narración intervienen uno o varios personajes.
- Los hechos ocurren en un tiempo y en un lugar determinados.

2. **Escribe un título para la historieta.**

--• _____

3. **Inventa un nombre para cada personaje y escríbelo.**

--• _____

--• _____

--• _____

4. **Anota cuándo y dónde ocurren los acontecimientos.**

--• _____

--• _____

5. **Localiza, en la historieta, los cuadros que corresponden al planteamiento, el desarrollo y el desenlace de la narración.**

--• Remarca con un color diferente los cuadros que pertenecen a cada momento de la narración.

6. **Registra, en la siguiente ficha, los acontecimientos narrados en la historieta.**

—¿Qué pasó primero? _____

_____

—¿Qué ocurrió después? _____

_____

_____

—¿Qué sucedió al final? _____

_____

7. **Ahora, escribe en tu cuaderno un cuento basado en la historieta anterior.**

8. **Reúnete con tus compañeros de equipo y lean los cuentos que escribieron.**

--• Expresen sus opiniones acerca de los cuentos leídos.

--• Elijan los cuentos que más les hayan gustado y léanlos ante el grupo.

Las historietas, los cuentos, las fábulas, los relatos y las novelas son obras narrativas.

En todas las obras narrativas se distinguen tres partes o momentos:

- El **planteamiento** es el inicio de la narración; en esta parte se presentan los personajes.
- El **desarrollo** es la parte más extensa; en ella, los personajes participan en una o varias aventuras.
- El **desenlace** corresponde al final de la narración.

En el campo o en el parque se puede jugar a muchas cosas. ¿Conoces el juego de las cuatro esquinas? Para ponerlo en práctica sólo hacen falta cinco niños y un lugar apropiado en el que haya cuatro árboles que formen una especie de cuadrado; pero, con un poco de imaginación, también se puede jugar en el patio del colegio.

Lee las reglas del juego y coméntalas con tus compañeros de equipo.

Reglas del juego

1. Los jugadores se reúnen en el centro del sitio elegido para jugar. Uno de los jugadores dice *Con, con, cada uno a su rincón*, y todos los niños corren hacia uno de los árboles.

2. El jugador que se queda sin lugar se coloca en medio del cuadrado. Cuando el jugador del centro da una palmada, todos intentarán cambiar de lugar y correrán de un árbol a otro.

3. El jugador del centro intentará ocupar alguno de los lugares que queden libres. Si lo consigue, el que se quede sin lugar se colocará en el centro.

4. Cada vez que un jugador ocupe el centro, debe volver a dar la palmada.

5. Si un lugar queda libre, puede ser ocupado por cualquier jugador.

6. No se puede permanecer en un mismo lugar más de un minuto.

1. Observa los dibujos y explica a tus compañeros cómo se juega a las cuatro esquinas.

2. Comenta con tus compañeros de equipo cómo podrían jugar a las cuatro esquinas en el patio del colegio.

3. Jueguen, por equipos, a las cuatro esquinas en el patio de la escuela.

Instrucciones

Cuando estás enfermo y consultas a un médico, él te da una receta donde anota el nombre del medicamento y cómo debes tomarlo. En este caso, el médico te da las **instrucciones** que debes seguir para sanar.

Si quieres hacer unas galletas que te gustan mucho, consultas un libro de recetas de cocina. En él aparecen las **instrucciones** para preparar las galletas.

Seguramente también has leído las **instrucciones** para armar un juguete o para practicar algún juego.

Las **instrucciones** son las explicaciones que recibimos o damos a alguien acerca de cómo hacer o utilizar algo; pueden ser orales o escritas. En las instrucciones se deben explicar, de manera clara y ordenada, los pasos para realizar algo.

El texto de algunas instrucciones puede ir acompañado de dibujos; esto permite resolver las dudas que surgen cuando se leen las instrucciones.

1. Observa en las ilustraciones cómo se juega a las sillas.

2. Ahora, explica a tus compañeros las reglas del juego. Puedes hacerlo así:

- Di qué se necesita para jugar y cómo se deben colocar al principio los jugadores.
- Menciona cómo se realiza el juego y cuándo se termina.
- Explica qué acciones están prohibidas (empujar, mover las sillas...).

3. Escribe las reglas del juego de las sillas.

Reglas del juego

_____
_____
_____
_____

- Pide a un compañero que lea tus instrucciones y te diga si son claras.

4. Explica a tus compañeros cómo se practica tu juego favorito.

El cereal nuestro de cada día

Seguramente tú comes cereal todos los días, en alguna de sus presentaciones, pero quizás no sabes mucho sobre este alimento. Permíteme contarte un poco sobre él.

Los cereales deben su nombre a la diosa romana de la agricultura Ceres y constituyen la principal fuente de alimentación en el mundo porque crecen en todo tipo de climas y el grano es fácil de almacenar, sin que pierda sus propiedades nutritivas.

La familia de las gramíneas, a la que pertenecen los cereales, tiene muchos miembros: el trigo, el arroz, el maíz, el centeno, la cebada, el mijo y el sorgo, entre otros; aunque además de cereales, la familia agrupa los pastos, como la alfalfa.

Los cereales son plantas de tallos largos y fruto en forma de grano seco; es un alimento muy nutritivo porque contiene almidón, proteínas y grasas que, combinados con otros alimentos, enriquecen su valor.

El trigo se cultiva en lugares templados y se utiliza principalmente para elaborar pan. En el interior del grano se encuentran el almidón y el gluten, una sustancia muy nutritiva; en la cascarilla del trigo o salvado hay abundantes sales minerales y vitaminas; pero el germen es la parte realmente viva del trigo, donde se almacenan las proteínas; por ello es conveniente comer pan integral, que se haya elaborado con una harina oscura de grano molido con su cáscara.

El arroz es otro cereal que posee una cascarilla con propiedades nutritivas. El grano blanco, como lo conocemos, ha perdido ya vitaminas y sustancias importantes para el organismo y sólo conserva almidón en grandes dosis. Aun así, el arroz es benéfico para el ser humano por su alto contenido de carbohidratos. Este cereal se cultiva en climas tropicales y húmedos.

La cebada es un cereal de clima templado; se emplea en la fabricación de bebidas y medicamentos, aunque se puede emplear en la preparación de panes.

El maíz se cultiva en climas tropicales y templados; es el rey de los cereales en México porque, además de ser la base de nuestra alimentación, el 60 por ciento de la producción agrícola es de maíz. Este cereal es de gran valor energético, ya que es fuente de carbohidratos y contiene proteínas que, combinadas con ciertas leguminosas, constituyen un buen alimento.

Otros cereales son el centeno, que se cultiva en clima templado y seco, y la avena, que se cultiva en climas fríos y lluviosos.

¿Alguna vez has probado un refresco de cereal? Pues aquí te damos una receta.

Ingredientes:

- Una taza de avena cruda.
- Canela en polvo.
- Una taza de leche evaporada.
- Azúcar al gusto.
- Hielo.
- Seis vasos de agua.

Manera de prepararlo:

Bate en la licuadora una taza de avena con cuatro vasos de agua.

Después, cuela esta mezcla en una jarra, agrega dos vasos más de agua y una taza de leche evaporada; endúlzala a tu gusto y agrégale hielos. Al servir cada vaso, espolvorea un poquitín de canela y ya tienes un refresco muy nutritivo, hecho de cereal.

Alicia Laguerre, Silvia Singer y Lilly Rivera (adaptación).

Actividades de aprendizaje

1. Contesta.

--• ¿Se relaciona el título de la lectura con el contenido? _____

_____

--• ¿Por qué? _____

--• ¿Por qué los cereales son importantes en nuestra dieta? _____

_____

--• ¿Por qué es recomendable comer el pan integral? _____

_____

--• Además de pan, ¿qué otros productos se elaboran con la harina de

trigo? _____

_____

Trabajo en equipo

Pidan a cinco personas una receta sencilla de algún platillo elaborado con cereal; por ejemplo, galletas de avena, arroz con leche o tortitas dulces de maíz.

Anoten cada receta en una tarjeta e ilústrenla.

Soliciten la ayuda de un adulto y preparen la receta que más les haya gustado.

Lleven su platillo al salón y compártanlo con otro equipo.

2. Elabora en tu cuaderno un esquema como éste para cada uno de los cereales que se nombran en el texto.

Cereales	Trigo
Clima	Templado
Productos	Pan blanco, pan integral...

3. Comenta con tus compañeros.

--• ¿Qué clase de cereales consumes en tu casa?
--• ¿Los comes preparados de alguna manera? ¿Cómo?
--• ¿Cuál te gusta más? ¿Por qué?

Nos preparamos

◆ **Di en voz alta estas palabras. Después, pronuncia cada palabra, pero dividiéndola en partes y dando al mismo tiempo una palmada.**

| limón | café | calor | ratón | foca | mesa |
| silla | pista | sábana | rápido | México | médico |

león → le-ón

foca → fo-ca

pájaro → pá-ja-ro

Las sílabas

◆ **Pronuncia en voz alta este mensaje como lo haría un viejo robot.**

> Es-ta - no-che - hay - pa-ra - ce-nar - ta-cos - de - fri-jol - y - a-rroz - con - le-che.

◆ **Pronuncia en voz alta estas palabras como lo hace el robot, pero da una palmada en la parte de la palabra que está destacada.**

li**món**   car**te**ro   **lí**quido   sa**lón**   marga**ri**ta   me**cá**nico   pa**pel**

bici**cle**ta   piza**rrón**   li**bre**ta   **pá**jaro   o**re**ja   cam**pa**na   **me**sa

◆ **Pronuncia en voz alta los nombres de algunos objetos que hay en tu salón de clases.**

-→ Divide en grupos de sonidos cada palabra.
-→ Da una palmada cuando pronuncies cada grupo de sonidos.

◆ **Comenta con tus compañeros de equipo la siguiente información.**

Las letras representan **sonidos**. Cuando hablamos, agrupamos unos sonidos con otros y formamos sílabas. Una **sílaba** es un grupo de sonidos que pronunciamos juntos, en un solo golpe de voz. En una sílaba, por lo menos, debe haber una vocal. Ejemplos: **ca**-ra-**col**, mar-ti-**llo**.

En algunas sílabas hay dos vocales que forman un **diptongo**, es decir, se pronuncian juntas. Ejemplos: **rei**-na, **cie**-lo.

Según el número de sílabas que contienen, las palabras se clasifican en:

-→ **Monosílabas.** Tienen una sílaba. Ejemplo: **mar**.
-→ **Bisílabas.** Tienen dos sílabas. Ejemplo: **pe-lo**.
-→ **Trisílabas.** Tienen tres sílabas. Ejemplo: **mu-ñe-ca**.

-→ **Polisílabas.** Tienen cuatro o más sílabas. Ejemplo: **ma-ri-po-sa**.

En una palabra de dos o más sílabas, siempre hay una que se pronuncia con más fuerza que las otras: es la **sílaba tónica**; por ejemplo: can-**gre**-jo. La sílaba **gre** es la tónica y las sílabas **can** y **jo** son átonas. En este caso, decimos que en la sílaba **gre** recae el **acento** o mayor intensidad con que se pronuncia una sílaba.

De acuerdo con el lugar que ocupa la sílaba tónica, las palabras pueden ser:

-→ **Agudas.** Si la sílaba tónica es la última. Ejemplo: ani**mal**.
-→ **Graves.** Cuando la sílaba tónica es la penúltima. Ejemplo: her**ma**no.
-→ **Esdrújulas.** Cuando la sílaba tónica es la antepenúltima. Ejemplo: fan**tás**tico.

© Santillana

1. Divide en sílabas las siguientes palabras y clasifícalas.

trabajador   orejas   blanquísima   ave

sal   dragón   no   montaña

MONOSÍLABAS	BISÍLABAS	TRISÍLABAS	POLISÍLABAS

2. Escribe los nombres de los siguientes dibujos. Rodea en cada palabra la sílaba que tiene diptongo.

 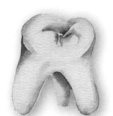  

_____ _____ _____ _____

3. Divide en sílabas estas palabras. Rodea la sílaba tónica de cada palabra.

cebada   trigo   cocinando   alimentos

allí   sorgo   domésticas   tropical

4. Divide en sílabas las siguientes palabras y escribe cada sílaba en su lugar.

	ANTEPENÚLTIMA SÍLABA	PENÚLTIMA SÍLABA	ÚLTIMA SÍLABA
peña			
cima			
escalar			
cúspide			
matorral			
áspero			

-- • Rodea en cada caso la sílaba tónica de las palabras anteriores y clasifícalas.

Agudas _____ _____

Graves _____ _____

Escrújulas _____ _____

Las trampas de los duendes

Muy pocas personas pueden decir que han visto a un duende, un duende auténtico de carne y hueso, capaz de ocultarse debajo de un hongo, detrás de los pétalos de una margarita o en el interior de un zapato. Nadie ha podido retratar a un duende o, por lo menos, lograr una entrevista exclusiva con uno de ellos. Debido a esta falta de datos, que no han sido registrados en los gruesos libros de los investigadores, se ha llegado a la conclusión de que los duendes no existen.

Una afirmación de este tipo podría echarnos a perder el apetito y el gusto por buscar duendes donde todo el mundo sabe que viven; por eso procuramos no hacer caso de opiniones tan tajantes y nos lanzamos en pos de los duendes y de todo lo que se dice de ellos.

Desde siempre se ha sabido que donde hay duendes, también se encuentra enterrada una enorme olla de barro con un tesoro dentro; uno de esos tesoros que están compuestos por muchas monedas de oro y un enredijo de collares, anillos y brazaletes.

Como es lógico suponerlo, todo aquel que se entera de la existencia de un duende o de un tesoro (para el caso es lo mismo), hace todo lo posible para apoderarse de uno, de otro o de los dos (porque si alguien atrapa a un duende, puede exigirle que le cumpla tres deseos). Y los duendes, como también es lógico suponerlo, hacen todo lo posible para evitarlo.

Un recurso que emplean los duendes para deshacerse de los intrusos consiste en ahuyentarlos por medio de encantamientos. Casi siempre se trata de trabalenguas, cantos, dichos, conjuros y formulillas acompañados por series interminables de gestos, aspavientos, brincos y contorsiones. Veamos unos ejemplos.

Si un duende desea desatar en el mar una buena tormenta, recita el siguiente conjuro:

Crija, creja, croja y cruja;
quiero que el mar brame y cruja.

Para confundir a algún buscador de tesoros temeroso, los duendes suelen decir:

Yo tenía una garza grifa
con cinco garcigrifitos
como la garza era grifa
grifos fueron los garcigrifitos.

Pepe Pecas
pica papas,
con un pico;
pica papas
Pepe Pecas.

Para conseguir que un día soleado se convierta en un oscuro día lleno de truenos y relámpagos, los duendes dicen cinco veces y cada vez más rápido:

El cielo está encapotado.
¿Quién lo desencapotará?
El que lo desencapote,
buen desencapotador será.

Si los encantamientos no funcionan, los duendes optan por otro recurso, quizá más efectivo: hacen sus maletas, recogen su tesoro y se cambian de lugar.

María de los Ángeles Mogollón y Gabriel Moreno Pineda

Actividades de aprendizaje

1. Contesta.

-• ¿Se puede afirmar que existen los duendes? _____

-• ¿Por qué? _____

_____

-• ¿Qué se espera encontrar donde hay un duende? _____

_____

-• ¿Cómo se deshacen los duendes de los cazadores de tesoros? _____

_____

-• ¿Cómo son los encantamientos de los duendes? _____

_____

2. Di a tus compañeros si te gustó el relato *Las trampas de los duendes* y por qué.

3. Juega con tus compañeros a decir los trabalenguas.

-• Deben decir tres veces seguidas cada trabalenguas.
-• El que se equivoque pierde.

4. Inventa y escribe un trabalenguas parecido al de la garza grifa. Puedes emplear palabras como las siguientes.

jirafa grifa ➤ jirafagrifitos   foca trufa ➤ foquitrufitos

Yo tenía una _____

_____

_____

-• Lee el trabalenguas a tus compañeros.

Sugerencias

Los **trabalenguas** son series de palabras difíciles de pronunciar con rapidez; se utilizan como juego de destreza para que alguien los pronuncie sin equivocarse. También se emplean para corregir la pronunciación.

Haz una recopilación de trabalenguas. Para ello, pide a diferentes personas que te digan los trabalenguas que conozcan y anótalos en tu cuaderno. Puedes añadir los trabalenguas que tú inventes.

Redactamos

◆ **Redacta, en tu cuaderno, un encantamiento para que siempre tengas buenos amigos.**

-• Selecciona grupos de palabras con sonidos parecidos para darle forma a tu encantamiento.
-• Puedes escribir el encantamiento como el trabalenguas que más te agrade.

◆ **Inventa una historia de duendes en la que incluyas el encantamiento que redactaste.**

Ortografía

La tilde

La **tilde** es una **rayita** que se coloca sobre la vocal de la **sílaba tónica** de algunas palabras. Ejemplos: ra**tón**, **tré**bol, **cás**cara.

-→ Las **palabras agudas** llevan **tilde** cuando terminan en **n**, **s** o **vocal**. Ejemplos: capi**tán**, fran**cés**, ru**bí**.

-→ Las palabras **graves** llevan **tilde** cuando terminan en cualquier letra que **no sea n**, **s** o **vocal**. Ejemplos: **frá**gil, **crá**ter, **lá**piz.

-→ Todas las palabras esdrújulas llevan tilde. Ejemplos: **plá**tano, **má**quina, **có**mico.

Observa, en el siguiente cuadro, la clasificación de las palabras de acuerdo con la posición de la sílaba tónica.

PALABRAS		
Esdrújulas	**Graves**	**Agudas**
Antepenúltima sílaba	Penúltima sílaba	Última sílaba
tónico	**dé**bil	jaba**lí**
médico	**ár**bol	mara**tón**
lápices	**már**tir	com**pás**
mágico	di**fí**cil	Jo**sé**

1. **Divide en sílabas estas palabras; después, subraya la sílaba tónica.**

-→ trópico _____

-→ balcón _____

-→ martillo _____

-→ trébol _____

-→ túnel _____

-→ mármol _____

-→ mamá _____

-→ pan _____

-→ tenedor _____

-→ máquina _____

-→ México _____

-→ pelícano _____

-→ Ahora, clasifica en el cuadro las palabras anteriores.

PALABRAS ESDRÚJULAS	PALABRAS GRAVES	PALABRAS AGUDAS
trópico		

2. **Subraya las palabras esdrújulas y coloca la tilde en la vocal de la sílaba tónica.**

-→ Monica fue a un concierto de musica clasica.

-→ Placido dice que tiene una lampara magica.

-→ En el zoologico hay un simpatico hipopotamo.

-→ En los arboles anida una gran variedad de pajaros.

3. Lee el texto. Divide en sílabas las palabras destacadas y coloca la tilde en las que deben llevarla.

De compras

El **papa** de **Miguel** antes de irse a **trabajar** miró el **reloj** y le dijo a su hijo:

—Miguel, **mama saldra** a **comprar** galletas de **anis** y helado de **limon**. Tú te **quedaras** a estudiar la **leccion** de **ingles**.

-• Clasifica las palabras destacadas.

Palabras agudas sin tilde	
Palabras agudas con tilde	

4. Lee el siguiente texto. Coloca la tilde a las palabras destacadas que la lleven.

A punto

El viernes fuimos a la cafetería. **Blanca** pidió duraznos en **almibar**, Rocío un pastel de **datil** y yo, un **nectar** de **mango**. El **mesero**, que es un hombre muy **agil**, estuvo a punto de tirarlo **todo**.

-• Clasifica las palabras destacadas.

Palabras graves sin tilde	
Palabras graves con tilde	

Para terminar

1. Organiza con tus compañeros la elaboración de un "libro de instrucciones".

-• Escriban en hojas blancas las instrucciones de los juegos que más les gustan.
-• Anoten, también en hojas blancas, las recetas de sus platillos favoritos.
-• Busquen instructivos de uso de algunos aparatos electrónicos y copien uno.
-• Ilustren las hojas con dibujos o recortes de revistas.
-• Perforen las hojas con las instrucciones y colóquenlas en una carpeta de argollas.
-• Revisen su "libro de instrucciones" cada vez que lo deseen.

Cuando quieras obtener información acerca de un tema que te interese, puedes consultar un libro o revisar alguna revista o periódico. También puedes hacer una serie de preguntas para que alguien que conozca el tema te las responda. Observa cómo obtiene información la niña de esta historieta.

1. **Di a tus compañeros qué información obtuvo la niña de la historieta.**

2. **Selecciona, con tus compañeros de equipo, uno de estos personajes para hacerle preguntas acerca de su actividad.**

-• Elaboren cinco preguntas y anótenlas en sus cuadernos.

3. **Digan al grupo qué personaje eligieron y lean en voz alta las preguntas que elaboraron.**

La entrevista

La **entrevista** es un diálogo que mantiene una persona con otra para conocer su vida, sus opiniones, sus impresiones o sus conocimientos acerca de algún tema.

El diálogo está compuesto por una serie de **preguntas** y otra de **respuestas**.

En una entrevista, el **entrevistador** es la persona que hace las preguntas y el **entrevistado**, quien las responde.

Antes de realizar una entrevista, el entrevistador debe **elegir** a la persona que entrevistará; **redactar** en orden las preguntas y **fijar la fecha** de la entrevista con el **entrevistado**.

Durante la entrevista, el entrevistador debe **anotar** o **grabar** las respuestas que da el entrevistado.

Después de la entrevista, el entrevistador pasará en limpio las preguntas y las respuestas y las dará a conocer.

1. Lee la entrevista que le hizo Mariana a un biólogo.

Mariana: Me dijeron que usted es un experto en murciélagos. ¿Me podría decir qué clase de animal es éste?

Biólogo: El murciélago es un animal que tiene pelo como los mamíferos y alas como las aves; por ello, los científicos lo clasifican como un mamífero volador.

Mariana: ¿Cómo son estos animales? A mí me parecen muy feos.

Biólogo: Muchas personas los consideran feos pero no lo son. Parecen ratones con alas. Las alas unen el cuerpo con los brazos y la cola del animal. Para caminar, los murciélagos se apoyan en sus patas traseras y en el dedo que les queda libre de sus patas delanteras.

Mariana: ¿Por qué vuelan durante la noche?

Biólogo: Porque son animales nocturnos; les molesta la luz del Sol. Para pasar el día se cuelgan cabeza abajo en lugares protegidos de los rayos del Sol.

Mariana: ¿Dónde viven?

Biólogo: Habitan en los países cálidos de todo el mundo. Viven en cuevas, túneles, construcciones abandonadas o entre las hojas de las plantas.

Mariana: ¿De qué se alimentan?

Biólogo: Algunos comen insectos y son muy útiles para mantener baja la población de mosquitos. No ven bien, pero emiten sonidos y localizan a los insectos por el eco que rebota sobre ellos.

Mariana: Muchas gracias por la entrevista. Voy a pasarla en limpio y a colocarla en el periódico mural del colegio. Pero... a mí me siguen pareciendo feos los murciélagos.

--• Di a tus compañeros qué signo de puntuación aparece después de cada nombre.

2. Imagina que entrevistarás a este astronauta llamado Aldrin. Escribe, en tu cuaderno, las preguntas que le harías.

--• Utiliza los dos puntos después del nombre del entrevistador y del entrevistado.

--• Lee tus preguntas en voz alta y coméntalas con tus compañeros de equipo.

Mucha imaginación

Leonardo da Vinci vivió en Italia a mediados del siglo XV y principios del XVI. En esta misma época vivieron grandes artistas.

A Leonardo le gustaba pasearse por los alrededores de su ciudad y tener amigos, reunirlos y cantarles. Esto le daba la oportunidad de estudiar las expresiones de sus rostros y le permitía dibujarlos mejor. Su padre se dio cuenta de sus aptitudes y lo envió a estudiar con un famoso maestro de la época, llamado Verrocchino.

El alumno pronto superó al maestro y empezó a trabajar. Sus dibujos y pinturas tenían un gran realismo, porque siempre observaba con todo cuidado, ¡sin perder detalle! En sus apuntes hay secciones enteras dedicadas a la Ingeniería, la pintura, la aviación, las armas... Leonardo era un aficionado de las matemáticas y en alguna ocasión escribió: "no hay ninguna conclusión científica en la que no se apliquen las matemáticas".

Viajó por Italia y Francia y sufrió las incomodidades del transporte en esa época; de ahí, quizás, le vino la idea de que el ser humano podía volar.

Leonardo diseñó una serie de máquinas voladoras a las que llamó ornitópteros. Las concibió para uno o varios pasajeros, de un piso o dos, con el piloto acostado o de pie. El piloto era el motor del avión, ya que él mismo debía mover con sus brazos, piernas, pies y dedos el mecanismo de las alas, que se activaba mediante poleas y cables. Sin embargo, si se construyera un avión siguiendo sus diseños, no sólo no volaría sino que podría provocar un accidente. Leonardo seguramente notó que algo fallaba en el funcionamiento de su vehículo, por lo que estudió con más cuidado el vuelo de las aves y llegó a la conclusión de que no era posible volar con sus ornitópteros. El error consistía en que el piloto no puede generar, con su cuerpo, la energía suficiente para mantener el movimiento de alas que requerían estos aparatos para sostenerse en el aire. En cambio, el helicóptero que construyó del tamaño de un juguete, sí podía volar. Este aparato utilizaba un sistema mecánico semejante al que activa las hélices de los helicópteros de juguete, que funcionan al tirar de un hilo; no es el piloto el que activa las hélices sino un mecanismo manejado por él. Ésta fue una idea genial, ya que durante mucho tiempo se pensó que sólo podría volar lo que fuera más ligero que el aire. Y no fue sino hasta cinco siglos después cuando se reconoció que objetos más pesados que el aire podrían volar y, así, el primer helicóptero tripulado voló en 1923.

Leonardo se interesó por la astronomía, las matemáticas y la ingeniería. Diseñó trajes de buzo, submarinos, fortalezas; proyectó canales de riego, sierras para cortar mármol e inventó la rueda de "rayos", como la de la bicicleta actual. Es más, diseñó una bicicleta.

No existe, en verdad, rama de la ciencia o de la técnica en la que Leonardo no haya contribuido con descubrimientos y nuevas ideas. Sin embargo, su talento se expresó mejor en la pintura. Sus obras fueron pocas pero todas ellas importantes, como el retrato de *Mona Lisa*, también conocido como *La Gioconda*.

Roberto Sayavedra (adaptación).

1. Subraya de qué trata el texto.

- De los viajes de Leonardo da Vinci.
- De los ornitópteros.
- De los inventos de Leonardo da Vinci.

2. Contesta.

- ¿Por qué crees que a Leonardo da Vinci se le ocurrió la idea de que las personas podían volar? _____

_____

- ¿Qué eran los ornitópteros? _____

_____

- ¿Por qué no funcionaron? _____

_____

- ¿Por qué su helicóptero sí funcionaba? _____

_____

- ¿Qué otro vehículo diseñó Leonardo da Vinci? _____

_____

3. Comenta con tus compañeros qué opinas de Leonardo da Vinci.

Trabajo en equipo

Imaginen que entrevistarán a Leonardo da Vinci. Recuerden que este personaje vivió hace cinco siglos.

Cada integrante del equipo propondrá dos preguntas. Anoten en orden todas las preguntas y escriban las respuestas.

Después, representen la entrevista ante el grupo como si la estuvieran transmitiendo por televisión.

Nos preparamos

◆ **Escribe debajo de cada dibujo la forma verbal que corresponde a lo que hacía Leonardo.**

volar diseñar escalar pintar inventar

pintaba _____ _____

◆ **Busca en el texto *Mucha imaginación* otras formas verbales parecidas a las que escribiste y cópialas en tu cuaderno.**

Gramática

El copretérito

◆ **Observa las imágenes y anota qué hacían antes estas personas y qué hacen ahora.**

(ANTES)   (AHORA)

   _____

   _____

   _____

   _____

◆ **Subraya, en este texto, las formas verbales que estén en pasado.**

Una vieja marmota salió de paseo; caminó y caminó feliz por los prados, pero se perdió. Llegó la noche y la pobre marmota, por más que buscaba, no encontraba el camino de regreso.

Unos duendes se dieron cuenta de que la marmota estaba perdida; entonces, como buenos amigos, alumbraron el camino con luciérnagas para que ella pudiera llegar a su casita.

◆ **Lee la siguiente información y coméntala con tus compañeros.**

Doña marmota **salió** a pasear.

Sí, pero se **perdió** y ya no **paseaba**; **corría** asustada.

Las palabras **salió**, **perdió**, **paseaba** y **corría** son formas verbales que expresan acciones ocurridas en el **pasado**. El pasado de los verbos se puede expresar de dos maneras distintas. Ejemplos:

sali**ó** → sal**ía**; perd**ió** → perd**ía**; pase**ó** → pase**aba**; corr**ió** → corr**ía**.

Los verbos salió, perdió, paseó y corrió se encuentran en **pretérito**. El pretérito es un tiempo verbal que expresa acciones ocurridas en el pasado y que ya terminaron. Ejemplo: La marmota **salió** de su casa.

Los verbos salía, perdía, paseaba y corría se encuentran en **copretérito**. Este tiempo verbal indica acciones pasadas que no se sabe cuándo terminaron; también expresa acciones pasadas que sucedían al mismo tiempo que otras. Ejemplo: El duende vio que la marmota **salía** de su casa.

Actividades de aprendizaje

1. **Lee el principio del cuento y subraya los verbos.**

El borreguito inteligente

Una tarde, un borreguito blanco pastaba tranquilamente en un prado.

—¡Qué delicia! Me gusta mucho esta hierba, está muy tiernita. Después, buscaré agua fresca, correré un rato por el prado y, en la noche, regresaré a mi casa —decía el borreguito, entusiasmado, mientras mordisqueaba su manjar.

Estaba tan distraído que no se dio cuenta de que unos terribles ojos lo acechaban. De pronto, un lobo se abalanzó sobre él.

—¿Qué comes? —le preguntó el lobo con su vozarrón.

—Sólo mastico hierba fresca. ¿Quieres un poco? —contestó asustado el borreguito.

—Tú serás mi alimento. Te prepararé con jitomate —rugió el lobo.

-• Ahora, escribe cada forma verbal en la columna correspondiente.

PRESENTE	PRETÉRITO	FUTURO	COPRETÉRITO
gusta			pastaba

2. **Imagina lo que hizo el borreguito para salvarse y termina de escribir el cuento en tu cuaderno.**

-• Trata de utilizar en tu texto verbos conjugados en todos los tiempos.
-• Intercambia tu cuento con algún compañero.
-• Subrayen las formas verbales y digan qué tiempos verbales utilizaron en sus textos.

3. **Completa las oraciones con las formas verbales en copretérito de la derecha.**

-• La Luna se _____ en el agua del estanque.

-• Entre las ramas de un árbol se _____ un ruiseñor.

-• Un arroyo _____ como una serpiente de plata.

-• Un sapo _____ debajo de un hongo azul.

reflejar
esconder
correr
dormir

131

El topo Totopo

El topo Totopo vivía en una pradera, no muy lejos de la ciudad. Durante el día trabajaba excavando túneles debajo de la tierra. Por la noche salía a la superficie y disfrutaba la paz de la pradera. Después se metía en su túnel y dormía profundamente.

Un día sucedió algo raro. La pradera se llenó de hombres que caminaban de un lado a otro y medían la tierra con cintas muy largas y extraños aparatos. Totopo no dio importancia al asunto, pero al día siguiente, unos ruidos terribles y una fuerte sacudida lo despertaron.

—¡Un terremoto! —gritó, mientras corría hacia la salida del túnel. Cuando casi había alcanzado la salida, el túnel se derrumbó. Totopo empezó a escarbar, pero la tierra estaba muy apretada. Por fin, consiguió hacer otra salida, pero en ese momento, una máquina excavadora, con unas garras cien veces más grandes que las suyas, lo elevó por los aires junto con un montón de tierra y lo arrojó en un camión.

Una vez en el camión, Totopo se sacudió la tierra y observó que la pradera estaba llena de máquinas, camiones, excavadoras y grandes grúas. Por todas partes se veían profundas zanjas, piedras y ladrillos.

De un brinco, Totopo bajó del camión y escuchó decir a unos obreros que en ese lugar iban a construir varios rascacielos de acero y cristal, con estacionamientos subterráneos y grandes avenidas.

Muy asustado, Totopo decidió irse a vivir a donde hubiera tierras blandas y esponjosas y pastos siempre verdes. Viajó durante muchas noches y muchos días, atravesó vías de ferrocarril y carreteras llenas de peligros, hasta que llegó a un sitio donde escuchó, a lo lejos, voces de niños cantando:

A la víbora, víbora de la mar, de la mar,
por aquí pueden pasar,
los de adelante corren mucho
y los de atrás se quedarán,
tras, tras, tras, tras.
Una mexicana que fruta vendía,
ciruela, chabacano, melón o sandía.
Campanita de oro, déjame pasar
con todos mis hijos menos el de atrás,
tras, tras, tras...

Totopo no veía a los niños, pero le había gustado la canción; así que decidió ver dónde cantaban y se subió a un árbol. Desde ahí, contempló una huerta llena de árboles frutales que perfumaban el aire y vio varios niños que ahora hacían una ronda y cantaban.

Jugaremos en el bosque,
mientras el lobo no está.
—¿Lobo, estás ahí?

Totopo se dio cuenta de que la huerta pertenecía a una escuela rural. Y como una escuela nunca la derrumbarían, ahí podría vivir tranquilo; además, escucharía los cantos y las risas de los niños.

Totopo no perdió un segundo y, loco de alegría, empezó a cavar túneles y a levantar montones de tierra, mientras escuchaba:

A pares y nones
vamos a jugar,
el que quede solo
ése perderá. ¡Hey!

Luis Murschetz (adaptación).

Actividades de aprendizaje

1. Contesta.

--• ¿Por qué Totopo se despertó creyendo que había un terremoto?

_____

--• ¿Por qué buscó otro lugar para vivir? _____

_____

--• Al final, ¿adónde se fue el topo? _____

_____

--• ¿Por qué decidió quedarse a vivir ahí? _____

_____

Sugerencias

Las **rondas** son juegos en los que los niños se mueven en círculo tomados de las manos y cantan alguna canción.

También hay otros juegos en los cuales los participantes cantan sin necesidad de formar una rueda. Seguramente tú conoces muchas rondas y juegos de este tipo, como *Las estatuas de marfil*.

Propón a tus compañeros cantar y jugar la ronda que más les guste.

2. Numera estas ideas de acuerdo con la historia.

☐ Totopo decidió cambiarse a otro lugar.

☐ Salió de su casa y vio que su pradera iba a desaparecer.

☐ Un día, oyó ruidos terribles y se asustó.

☐ Después de un largo viaje, encontró una escuela rural.

☐ Totopo vivía en una pradera cercana a la ciudad.

3. Escribe el texto de una ronda que conozcas.

_____

_____

_____

4. Pide a varios adultos que te canten algunas rondas. Escribe en tu cuaderno las que más te gusten.

Redactamos

◆ **Imagina que entrevistas al topo Totopo.**

--• Escribe las preguntas que le harías al topo y las respuestas que él te daría.
--• Revisa la ortografía y la puntuación de tu texto.

◆ **Pasa en limpio la entrevista, ilústrala y léela con un compañero ante el grupo.**

Ortografía

El guión

Hay dos clases de guión: el **guión menor** (-) y el **guión mayor** (—).

El **guión menor** se utiliza cuando al **final de un renglón**, es necesario dividir una palabra que no cabe en él y se indica que ésta continúa en el renglón siguiente.

Las palabras sólo se pueden dividir por alguna de las sílabas que las forman. No se pueden separar las vocales de un diptongo ni las letras que forman parte de una misma sílaba. Ejemplos: mur-cié-la-go, re-fac-ción, des-cu-bri-mien-to.

El **guión mayor** se emplea en los textos narrativos, **delante de las palabras** que pronuncian los **personajes**. Ejemplo:

El topo cerró los ojos y dijo:
—No es posible que esos hombres destruyan la pradera.

También se utiliza el **guión mayor** para separar las **intervenciones** del **narrador**, es decir, la voz que relata un cuento o una historia. Ejemplo:

—¡Mírame a los ojos! —dijo el cazador de topos—. Tus trucos de nada te servirán.
—¿Qué quieres que haga? —Preguntó el topo Totopo, que temblaba como una hoja de árbol—. ¿Me dejarás ir de este lugar para buscar otro más adecuado para mí?

---

1. **Lee los siguientes textos y marca los guiones menores en las palabras que no aparecen completas en el final del renglón.**

El aprendiz

El laboratorio del mago estaba completa mente inundado, como si hubiera estado llo viendo dentro de él durante horas.

Cuando llegó el brujo y vio lo ocurrido, estu vo a punto de sufrir un mareo. ¿Qué había he cho su aprendiz? Seguramente, el muchacho se equivocó de conjuro. El mago pensó en cas tigarlo. Pero no, no podía. Sin duda, algún día su joven ayudante sería un gran hechicero.

El dragón

Un terrible dragón se había apode rado del territorio del rey Canuto. Se tra taba de una fiera temible que arrojaba fuego y humo por sus fauces abiertas.

Los habitantes del reino estaban ate rrorizados porque la bestia no se confor maba con incendiar las aldeas y los campos de cultivo, sino que también de voraba a los niños y a las doncellas.

2. **Divide las palabras siguientes de todas las maneras posibles. Fíjate en el ejemplo.**

panadero	respirable	indirecta	hipódromo
pa-			
nadero			
pana-			
dero			
panade-			
ro			

3. Lee el siguiente chiste y escribe el guión mayor donde sea necesario.

Un niño le dice a otro:
Me compré un gato.

El otro pregunta:
¿Araña?
Y el primero responde:
¡No! ¡Un gato!

4. Fíjate en lo que dice cada personaje en el dibujo y completa el diálogo. Debes poner dos puntos y guión mayor donde sea necesario.

Papá, ¿puedo ver la tele?

Está bien, pero no la enciendas.

Un niño le dice a su padre:

_____

Y el padre le responde:

_____

Para terminar

1. Inventa y escribe diálogos para hacer un teatro de títeres. Sigue estos pasos:

- Elige a los personajes, ponles un nombre y dibújalos. Aquí tienes unas ideas.

La princesa Elvira

El rey Alberto

El príncipe Luis

- Escribe, en tu cuaderno, lo que puede suceder en la obra de teatro. Separa correctamente las palabras al final del renglón.
- Redacta lo que dicen los personajes. Revisa la ortografía de tu texto.
- Elabora los títeres y representa la obra con tus compañeros.

Taller 6 El guión para la entrevista

1. Lee el guión que preparó Daniel para entrevistar a un médico amigo de su familia.

-→ Después, añade al guión dos preguntas más.

> El **guión para una entrevista** es un texto que contiene los siguientes elementos:
>
> - La **fecha** y el **lugar** en que se efectúa la entrevista.
> - El tema de la entrevista.
> - Los nombres del entrevistador y del entrevistado.
> - Las preguntas que el entrevistador formulará al entrevistado.

Fecha: 27 de mayo de 2000.
Lugar: Consultorio del doctor ubicado en la calle Alfonso Reyes número 4, Colima.
Tema: El cuerpo humano.
Entrevistador: Daniel González M.
Entrevistado: Doctor Efraín Castañeda.

Pregunta 1: ¿De qué está hecho nuestro cuerpo?
Pregunta 2: ¿Cuántos huesos tenemos?
Pregunta 3: ¿Cómo son los huesos por dentro?

Pregunta _____

_____

-→ Di a tus compañeros qué datos contiene el guión.

2. Entrevista a una persona que conozca de animales domésticos. Completa el guión y escribe las respuestas.

Fecha: _____

Lugar: _____

Tema: Un animal recomendable. _____

Entrevistador: _____

Entrevistado: _____

Pregunta 1: ¿Qué animales pueden vivir en mi casa?

Respuesta: _____

Pregunta 2: ¿Cuál es el más cariñoso y juguetón?

Respuesta: _____

Pregunta 3: ¿Cómo tengo que cuidarlo?

Respuesta: _____

Pregunta 4: _____

Respuesta: _____

3. Piensa en un tema acerca del cual te gustaría obtener información. Por ejemplo:

- --• Los dinosaurios.
- --• Los terremotos.
- --• Las abejas.
- --• Las próximas olimpiadas.
- --• La Luna.
- --• Los huracanes.

4. Elige a la persona que entrevistarás.

- --• Piensa en las preguntas que le harías y elabora tu guión.
- --• Deja los espacios para anotar las respuestas.

Las preguntas que forman parte del guión para una entrevista se elaboran con el propósito de obtener información que conoce o posee la persona entrevistada; por esta razón, las preguntas deben ser claras, directas y sencillas.

Pregunta 1: _____

_____

_____

_____

_____

_____

_____

_____

_____

_____

_____

_____

_____

_____

_____

_____

_____

5. Lee en voz alta tu entrevista y coméntala con tus compañeros.

Cuando tengas que explicar un tema de estudio a tus compañeros, puedes hacerlo con más claridad mediante el uso de dibujos, carteles, fotografías o esquemas. Observa cómo esta niña explica los movimientos de la respiración.

Durante la inspiración, los pulmones se hinchan y el aire entra en ellos. El tamaño de los pulmones aumenta.

Durante la espiración, los pulmones se contraen y el aire se expulsa del cuerpo. El tamaño de los pulmones disminuye.

Ahora, observa cómo lo hace este niño.

Durante la inspiración, el aire entra en los pulmones.

Durante la espiración, el aire se expulsa del cuerpo.

1. Comenta con tus compañeros.

- ¿Qué emplea cada niño para explicar el tema a sus compañeros?
- ¿Cuál de los niños presenta la explicación más clara? ¿Por qué?
- ¿Qué otros materiales podrían utilizar para explicar la inspiración y la espiración?

2. Discutan en equipo cómo podrían explicar con mayor claridad los siguientes temas.

- La ubicación de su comunidad.
- Cómo hacer un pastel de chocolate.
- El uso de la bicicleta.
- Las partes de una planta.

3. Propongan otros temas que les interesen y digan cómo los explicarían ante el grupo de manera clara e interesante.

La exposición

Los profesores emplean la exposición para transmitir los conocimientos. También tú utilizas la exposición cuando explicas un tema a tus compañeros.

La **exposición** es la explicación oral o escrita de un tema; esta actividad se puede realizar en forma individual o en equipo.

Para preparar la exposición de un tema, es conveniente seguir estas recomendaciones:

- **Elegir el tema** que se expondrá.
- **Buscar información** del tema en libros escolares, enciclopedias, diccionarios...

- **Seleccionar** la información y **organizarla** en un **guión** o esquema.

En el guión o esquema se anotan los **datos más importantes** del tema y el **orden** que se seguirá durante la explicación.

La exposición de un tema puede ser más clara si se utilizan materiales de apoyo, como dibujos, carteles, gráficas, mapas, esquemas y maquetas.

1. Lee la siguiente información; después, elabora en tu cuaderno un esquema como éste y registra en él los datos más importantes.

Las ranas son animales anfibios que habitan en lagunas, charcos y lugares húmedos de casi todo el mundo. Estos animales tienen los ojos abultados, el cuerpo grueso, las patas posteriores muy desarrolladas y adaptadas para el salto. Las ranas son animales ovíparos. Las hembras depositan varias decenas de huevecillos cerca del agua, de los que salen los renacuajos, larvas de ranas con larga cola y sin extremidades, que experimentan un estado de metamorfosis o transformación y evolucionan hasta su etapa adulta. Las ranas se alimentan de insectos y gusanos pequeños.

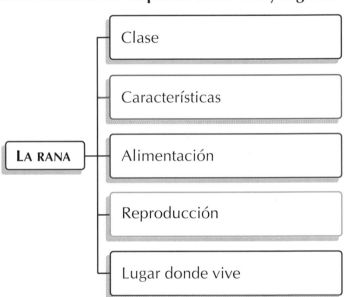

LA RANA
- Clase
- Características
- Alimentación
- Reproducción
- Lugar donde vive

2. Propón a tus compañeros de equipo un tema de Ciencias para exponerlo en clase. Puedes elegir uno de los siguientes o sugerir otro que te interese.

- Las cadenas alimentarias.
- El sistema digestivo.
- Los recursos naturales.
- Los alimentos y la dieta.

3. Preparen la exposición oral del tema elegido.

- Definan una fecha para hacer la exposición.
- Localicen la información en su libro de Ciencias y en alguna enciclopedia.
- Organicen la información y elaboren un guión o esquema.
- Decidan qué parte expondrá cada uno de los miembros del equipo.

La vida de los esquimales

Si miras un mapa de América, verás que en la parte más alta, en el noreste del continente, se encuentra Groenlandia, la isla más grande del mundo. Esta isla tiene un clima muy frío, pues está situada en el Ártico, alrededor del Polo Norte.

Los esquimales viven en las costas de Groenlandia, que están cubiertas de nieve casi todo el año. En el interior nadie vive, pues es un inmenso glaciar, donde hay pocos animales terrestres. Como las bajas temperaturas congelan el suelo, es muy difícil cavar un hueco sin contar con herramientas especiales.

Los poblados son pequeños, pues hay pocos habitantes. Las casas son de colores vivos y alegran el blanco paisaje.

Durante el invierno, el Sol está muy bajo en el horizonte. En algunos lugares desaparece por completo y durante varios meses no hay luz del día; es como si fuera todo el tiempo de noche; el lobo y el caribú emigran hacia el sur y sólo se ven el oso polar y el zorro blanco. Los esquimales pasan los largos días invernales junto a la estufa que utilizan para calentar la vivienda y para cocinar; las mujeres curten las pieles, los hombres fabrican arpones y los niños juegan.

Los niños esquimales ayudan a sus padres desde muy pequeños. Los varones pescan con el padre a bordo de sus frágiles *kayaks* o a través de un agujero abierto en la superficie congelada del mar. También ayudan a colocar las trampas para cazar zorros o para sorprender a los osos polares, las focas y las morsas.

Las niñas ayudan a la madre a preparar la carne y el pescado que les servirá de alimento; aprenden a curtir las pieles para fabricar sus ropas y extraen el aceite de foca que usarán para alumbrarse en las noches.

Los esquimales viven de la caza y de la pesca porque en sus heladas tierras no se puede cultivar. Cazan osos, focas, morsas y zorros valiéndose del fusil y de las trampas. Para ello viajan días y, a veces semanas, en sus trineos jalados por perros.

Cuando los cazadores se encuentran muy lejos de su aldea, construyen un iglú, un refugio con bloques de hielo que colocan unos sobre otros en círculos cada vez más pequeños hasta que el iglú queda cerrado, como una media esfera con una entrada en forma de túnel. La nieve endurecida que recubre el iglú lo aísla del frío. El hielo, semitransparente deja pasar la luz del exterior e ilumina el interior del iglú.

Los habitantes de estas heladas regiones se protegen del frío con un *anorak*, una chamarra impermeable con capucha de piel de oso, de foca o de caribú. También usan pantalón de piel y dos pares de botas, unas sobre otras. Esta ropa les permite soportar temperaturas de 50 grados bajo cero.

En los días de fiesta de primavera y verano, las mujeres visten un traje compuesto por una blusa de manga larga y una capa corta bordada con cuentas de colores. Las muchachas se ponen botas blancas y las mujeres maduras las usan rojas.

Cuando llega la primavera, el Sol se levanta cada día más y más y, a finales de junio ya no hay noche.

Bernard Planche (adaptación).

Actividades de aprendizaje

1. Observa los dibujos.

esquimal   kayak   anorak   iglú

Trabajo en equipo

Realicen una exposición oral acerca de los huicholes, los purépechas o los nahuas. Pueden consultar en la biblioteca los siguientes Libros del Rincón: *Soy huichol*, *Soy purépecha*, *Soy náhuatl*.

Elaboren un esquema con los datos más importantes y preparen el material para hacer más clara su exposición.

Decidan qué aspecto del tema expondrá cada miembro del equipo.

- Define cada palabra sin consultar el diccionario; utiliza la información del texto *La vida de los esquimales*.
- Compara tus definiciones con las de tus compañeros de equipo y lleguen a un acuerdo.
- Escribe tus definiciones en tarjetas, ilústralas y enriquece tu diccionario personal.

2. Anota en el esquema los datos más importantes del texto *La vida de los esquimales*.

Los esquimales

Lugar donde habitan: _____

Actividades que realizan los hombres: _____

_____

Actividades que realizan las mujeres: _____

_____

Alimentación: _____

Vestimenta en invierno: _____

Vestimenta en primavera y verano: ____ _____

_____

- Utiliza el esquema y haz una exposición oral acerca de la vida de los esquimales.

Nos preparamos

◆ **Completa lo que dicen los personajes con las palabras de la derecha.**

Ellas
Nosotros
Yo

___ quiero ir de excursión. _____ estamos contentos. _____ son mis amigas.

Pronombres personales

◆ **Observa las palabras destacadas en los diálogos.**

¿Están listos? **Nosotros** subiremos primero, **ustedes** después.

Ellas llevarán la comida.

Yo, además, llevaré la bandera.

Tú también llevarás el radio.

José

Raúl

Rosa

Jimena

◆ **Contesta.**

--● ¿Se entiende a quién se dirige cada uno de los niños de la ilustración? _____

--● ¿Alguno de los niños dice su nombre o el de algún compañero? _____

--● ¿Qué palabras utilizan en lugar de sus nombres? _____

◆ **Fíjate en los nombres de los niños y completa las oraciones.**

_____ y _____ subirán primero a la montaña; _____ y
_____ subirán después. _____ llevará la _____ , la
_____ y el _____ .

◆ **Comenta con tus compañeros la siguiente información.**

Las palabras que se utilizan en lugar de los nombres se llaman **pronombres personales**. Ejemplo: **Rosa** llevará la comida. → **Ella** llevará la comida.

Los pronombres personales nombran a **la persona que habla** (primera persona), a **la que escucha** (segunda persona) o de **quien se habla** (tercera persona).

Los pronombres personales están en singular cuando se refieren a una sola persona y en plural, cuando hacen referencia a más de una.

Los pronombres personales son los siguientes:

PERSONAS	SINGULAR	PLURAL
Primera	yo	nosotros, nosotras
Segunda	tú, usted	ustedes
Tercera	él, ella	ellos, ellas

Actividades de aprendizaje

1. **Sustituye las palabras destacadas por pronombres y escribe las oraciones.**

   Celia fue a la dirección. — Ella fue a la dirección.

   Abel, Luis y tú ganaron el concurso. _____

   Juan y Ana son amigos. _____

   El abuelito llegará el lunes. _____

   José, **Inés y yo** leemos un cuento. _____

   Elvira y Sonia cantan en el coro. _____

2. **Forma oraciones con las palabras de los recuadros.**

Yo	haces	hermanos.
Tú	están	a la biblioteca.
Él	somos	cansadas.
Nosotros	voy	el cartel.
Ustedes	rompió	frío.
Ellas	tienen	la maceta.

   _____

   _____

   _____

   _____

   _____

3. **Subraya los pronombres personales que aparecen en el siguiente texto.**

   ## ¡Qué organización!

   Fernando nos reunió en su casa y nos dijo:

   —Todo está listo para nuestra excursión. Recuerden que yo seré el jefe del campamento. Ustedes se encargarán de los alimentos y ellas, del botiquín de primeros auxilios. Tú llevarás la bandera y él, la cámara fotográfica. Nosotros llevaremos las tiendas de campaña. Estoy seguro que nos vamos a divertir mucho.

   Ni hablar, Fernando sabe organizar las cosas muy bien.

   - Ahora, clasifica en el cuadro los pronombres que subrayaste.
   - Fíjate a qué persona pertenecen y si están en singular o en plural.

	PRIMERA PERSONA	SEGUNDA PERSONA	TERCERA PERSONA
SINGULAR			
PLURAL			

143

Coplas y más coplas

Juan, María y Pablo estaban listos para ir a la fiesta del pueblo, una de las más bonitas y divertidas de la región. Ahora, además de la música, el baile, los juegos y los puestos de comida, se iba a celebrar un concurso. Se trataba de cantar coplas de todo tipo y quien cantara más coplas, ganaría una guitarra.

Juan, que era muy cantador, sabía muchas coplas y estaba seguro de ser el ganador. La primera copla que iba a cantar sería ésta:

Si yo cantando, cantando,
cantando me mantuviera,
cantaría toda la noche
hasta que me amaneciera.

María estaba convencida de que ella ganaría la guitarra; desde que vio los anuncios del concurso, se puso a recopilar coplas. En cuanto se encontraba con una persona conocida le decía:

—¡Hola, qué lindo día! Te cantaré una copla si tú me cantas otra diferente. Así, tendremos las mismas posibilidades de ganar el concurso. Escucha:

Esta canción es bonita,
no se le puede negar,
pero más bonita fuera
si la supiera cantar.

Y así, cantando la misma copla, María había logrado reunir coplas diferentes.

Pablo, el más tímido de los tres, sabía que sus amigos tenían muchas posibilidades de ganar; sin embargo, a él le gustaba mucho la música popular y, ¿por qué no?, podía ganar la guitarra cantando coplas como ésta:

Esta guitarra mía
tiene lengua y quiere hablar,
sólo le faltan los ojos
para ponerse a llorar.

A las seis de la tarde los tres amigos se reunieron en el centro del pueblo. Las calles y la plaza estaban adornadas con papeles de colores. Los chiquillos corrían por todos lados y la banda tocaba música popular; algunas muchachas lucían sus trajes regionales, el olor de los platos típicos invadía toda la plaza y ya había cola para subirse a los juegos mecánicos.

El alcalde anunció a los primeros concursantes. Los tres amigos se pusieron nerviosos, pero pronto se tranquilizaron al ver que a algunos se les olvidaba la letra de las coplas, a otros les daba risa y ya no cantaban y a los que sabían alguna copla, casi no se les escuchaba la voz.

María, Pablo y Juan cantaron una copla tras otra durante un largo rato. Y así hubieran seguido si no es por los guitarristas, que empezaron a tocar las primeras notas de una canción conocida por lo que juntos empezaron a cantar:

De la sierra morena
cielito lindo, vienen bajando
un par de ojitos negros,
cielito lindo, de contrabando....

Ya no cantaban sólo ellos. ¡Todo el pueblo cantaba! ¡Vaya problema que tenían los jueces! Por lo visto, los tres muchachos no sólo sabían coplas; también conocían canciones populares y las cantaban muy bien. ¿Qué podrían hacer para premiar a los tres?

María de los Ángeles Mogollón

Actividades de aprendizaje

Trabajo en equipo

Las **coplas** son composiciones breves que tienen de cuatro a diez versos. Las últimas palabras de algunos versos riman entre sí.

Muchas coplas forman parte de canciones que se cantan o se recitan en las fiestas populares; a veces, se acompañan con bailes.

No se sabe quién inventó estas composiciones, pero la gente las ha cantado desde hace muchos años en las fiestas populares.

Solicita a diferentes personas que te canten coplas. Escríbelas en tu cuaderno y apréndete las que más te gusten para cantarlas a tus compañeros.

1. Contesta.

-• ¿Por qué Juan estaba seguro de que ganaría el concurso? _____

_____

-• ¿Qué hizo María para conocer más coplas? _____

_____

-• ¿Por qué Pablo pensaba que él podía ser el ganador? _____

_____

_____

-• ¿Qué crees que hicieron los jueces para premiar a los tres amigos?

_____

_____

2. Di a tus compañeros cuál es la copla que más te gusta y por qué.

3. Subraya las palabras que riman en estas coplas.

¿Qué cosa le sucedió
al coyote en la cocina?
Se comió a la cocinera
creyendo que era gallina.

La vaca era colorada
y el becerrito era moro
y el vaquero sospechaba
que era hijo de otro toro.

4. Seguramente conoces algunas coplas que se cantan para romper la piñata. Escríbelas en tu cuaderno.

Redactamos

◆ **Observa cómo cambiando las palabras de una copla puedes escribir otra diferente.**

Carita de luna llena,
ojitos de capulines,
te dedico esta canción
para que nunca me olvides.

Carita de requesón,
narices de mantequilla,
ahí te mando mi corazón
envuelto en una tortilla.

◆ **Elige una copla que te guste, cambia las palabras y escribe una copla graciosa dedicada a un compañero.**

-• Intercambia la copla que escribiste con tus compañeros.

Palabras con b

Se escriben con **b**:

- Las palabras que llevan el grupo consonántico **br** seguido de una vocal. Ejemplos: ca**bra**, **bre**cha, **bri**llo, **bro**ma, **brú**jula.
- Las palabras que llevan el grupo consonántico **bl** seguido de una vocal. Ejemplos: **bla**nco, sa**ble**, ta**bli**lla, esta**blo**, **blu**sa.

- Las terminaciones **-aba**, **-abas**, **-ábamos**, **-aban** del **copretérito**. Ejemplo: yo cant**aba**, tú bail**abas**, él salt**aba**, nosotros platic**ábamos**, ustedes jug**aban**.

Si una palabra se escribe con **b**, todas las palabras de su misma familia también se escriben con **b**. Ejemplos: ca**b**eza → ca**b**ecilla → ca**b**ecera → ca**b**ezón.

1. Observa los dibujos y resuelve el crucigrama.

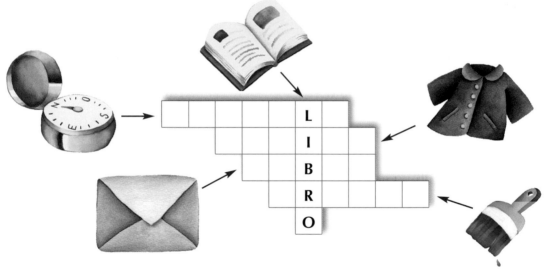

2. Subraya las palabras que tienen bl o br.

Las estaciones

Cada primavera surgen los primeros brotes de las plantas. En abril, los campos se cubren con un manto de hojas tiernas.

En el verano, el Sol brilla con todo su esplendor.

En el otoño, son frecuentes las nieblas y las brumas.

Y en el invierno, muchos lugares se cubren de blanca nieve y, a veces, es imposible salir de casa.

- Clasifica las palabras que subrayaste.

PALABRAS CON BR	PALABRAS CON BL

3. Escribe los nombre de los seis meses que llevan br.

_____   _____   _____

_____   _____   _____

4. Completa el texto con la forma del copretérito de cada verbo.

El espantapájaros Tomás

estar
asustar
llegar
enojar
mojar
tardar
beneficiar
gustar

Tomás era un espantapájaros que ___estaba___ siempre en la mitad del sembrado. Todos los pájaros se _____ al ver su figura y esto lo hacía feliz. Pero cuando _____ la época de lluvias, Tomás se _____ mucho porque se _____ y _____ mucho en secarse. Sabía que la lluvia _____ al cultivo, pero a él no le _____ estar mojado.

5. Escribe los nombres que faltan y forma familias de palabras.

_____   _____   _____

_____   _____   _____

Para terminar

1. Prepara, con tus compañeros de equipo, una exposición oral acerca de una celebración popular de tu localidad o de alguna región del país.

- Elaboren un esquema en el que anoten cuándo y dónde se realiza la fiesta, qué actividades se llevan a cabo, cómo son los trajes regionales y qué platillos típicos se preparan.
- Busquen y anoten coplas que se canten en esa fiesta.
- Preparen dibujos, mapas, carteles y otros materiales para hacer más clara la exposición.
- Decidan qué parte expondrá cada uno.

2. Escribe un texto en el que digas cómo es una fiesta popular de tu localidad.

- Revisa tu texto, corrígelo y pásalo en limpio.

La maestra le pidió a Enrique que buscara información acerca del naranjo y que anotara las ideas más importantes. Esto fue lo que escribió Enrique en su computadora, pero perdió algunas palabras.

El naranjo

El naranjo es un _____ que procede de _____ .

Sus _____ son muy verdes y duran todo el _____ .

Sus flores son _____ y se llaman flores de _____ .

Las flores de azahar son muy aromáticas.

En primavera, el naranjo se _____ de flores. En verano, los pétalos de las flores se _____ y sólo quedan los botones.

En otoño, los botones _____ mucho. Se convierten en pequeñas _____ . En invierno, las naranjas ya están _____ .

Las palabras que perdió Enrique son muy importantes. Sin ellas, las ideas quedan incompletas.

1. **Ayuda a Enrique a completar las ideas. Saca las palabras del frutero y colócalas en el lugar que les corresponde.**

2. **Busca en el texto del naranjo lo más importante acerca del azahar.**

   -• Di a tus compañeros qué es el azahar, cómo es su color, su olor y cuándo florece.

3. **Narra a tus compañeros de equipo una película. Pero menciona sólo lo más importante.**

   -• Después, decidan entre todos quién contó de manera más ordenada y breve la película para que ahora la narre a todo el grupo.

Las ideas principales

Los **textos** están formados por uno o varios **párrafos**. Cada párrafo consta de una idea principal y de una o varias ideas secundarias.

Las **ideas principales** expresan definiciones, datos concretos o conceptos precisos.

Las **ideas secundarias** dan ejemplos o amplían las definiciones.

Cuando se elimina la idea principal de un párrafo, éste pierde su sentido; es decir, no se entiende lo que expresa. En cambio, si se eliminan las ideas secundarias, el párrafo conserva su sentido.

Las ideas principales pueden aparecer al principio, en medio o al final de un párrafo.

1. Lee el siguiente texto.

A nuestro alrededor, cerca de donde nos encontramos, seguramente crece una planta. Hay plantas en el campo, en macetas, en jardines. Las plantas que nos rodean se pueden utilizar para muchas cosas.

Las plantas comestibles forman parte de nuestra alimentación. Cada día nos encontramos con ellas en nuestra mesa. Zanahorias, lechugas, aguacates, nopales y espinacas... cocidas o crudas, ¡qué ricas!

Las plantas medicinales sirven para curar enfermedades. Algunas calman los nervios, otras hacen desaparecer los dolores de estómago... Una maceta con plantas de este tipo puede ser como un botiquín.

Las plantas de uso industrial se utilizan para fabricar diferentes productos, como perfumes, cremas, tintes para tejidos. Quizás el champú con el que te lavas el cabello está hecho de plantas.

Las plantas ornamentales se emplean para adornar casas y jardines. Estas plantas son las más bonitas, las que más nos gustan.

2. Comenta con tus compañeros de equipo.

- ¿Cuántos párrafos tiene el texto anterior?
- ¿Qué sucede si tapas con tu lápiz las ideas que aparecen subrayadas?
- ¿Se entiende el texto? ¿Por qué?
- ¿Qué ocurre si tapas con tu lápiz las ideas secundarias?
- ¿En qué parte de cada párrafo se encuentra ubicada la idea principal?

3. Lee el siguiente texto y subraya la idea principal de cada párrafo.

¿Has oído hablar de la Venus atrapamoscas? Es una planta carnívora que come pequeños gusanos e insectos. Pero, te preguntarás: ¿cómo puede cazar una planta?

Lo primero que hace la Venus atrapamoscas es atraer al animal con el color rojo intenso que tienen por dentro sus hojas.

Después, cuando el insecto se posa en una hoja, ésta se cierra y lo atrapa. ¡Imposible escaparse de esta cárcel!

Luego, la planta se asegura de que capturó una apetitosa presa y no un grano de arena o una hoja de árbol. No pienses que es fácil engañarla.

Finalmente, la planta disuelve a su presa con unas sustancias que brotan de sus hojas y... ¡qué delicioso manjar!, ¡buen provecho!

Por supuesto, la Venus atrapamoscas no come personas. Estas cosas sólo pasan en las películas.

El chicle

Seguramente te gusta masticar chicle y, sin duda, hasta compites con tus amigos para ver quién hace la bomba más grande. Pero, ¿sabes de dónde se obtiene esa goma suave, elástica y tronadora?

El chicle, o *tzictli* en náhuatl, es una resina que produce un árbol llamado chicozapote. Este árbol crece sólo en una pequeña región de México: parte de Yucatán, Campeche y Quintana Roo. Allí, en medio de una exuberante vegetación, se encuentran unos árboles tan altos que llegan a medir hasta 15 metros. Se llaman chicozapotes no porque sean zapotes pequeños sino porque su nombre proviene de *xicotzápotl*, que significa "zapote de abejorro".

Estos árboles se reproducen de manera asombrosa. Los murciélagos son los encargados de favorecer su propagación. Estos animales, que en muchas ocasiones se han considerado como espíritus maléficos, en la zona del sureste de México son verdaderos dispensadores de beneficios. En lugar de alimentarse de sangre fresca, como cuentan las leyendas de vampiros, disfrutan mucho del fruto del chicozapote.

Los frutos del chicozapote son de color café, blandos, jugosos, dulces, perfumados y con hermosas semillas negras y brillantes. Pues bien, a los murciélagos les gustan los chicozapotes maduros y dulces; al atardecer los arrancan y los llevan muy lejos. Cuando terminan de comérselos, tiran las semillas, que germinan y generan nuevos árboles.

El árbol del chicozapote segrega un líquido viscosos o resina, que es la única fuente natural del chicle.

Los hombres que extraen la resina son los chicleros. Se internan en la selva, exponiéndose a la picadura de los insectos y reptiles que habitan en aquellas regiones. En medio de un clima húmedo y caluroso, trepan por los árboles con instrumentos muy frágiles y primitivos. Algunos trabajan descalzos y otros calzan botas y se colocan espolones para poder subir. Una vez arriba, con el machete "pican" el tronco y preparan un canal por donde escurre la resina directamente a una bolsa.

La extracción de la resina se realiza en la época de lluvias porque es cuando fluye con mayor abundancia. La temporada termina cuando sopla el viento del norte, que reseca la sustancia en los canales.

Para convertir la resina en chicle, es necesario cocerla, endulzarla y agregarle alguna esencia que le dé sabor: yerbabuena, canela, uva, menta o muchas otras. En seguida se bate con máquinas especiales hasta darle la consistencia adecuada. Luego, unos cilindros convierten esa masa de goma en láminas que se cortan en pedazos pequeños. Por último, se envuelven en papel para formar vistosos paquetes y se envían a las tiendas, donde los compran los niños.

El uso más común del chicle es el que le das tú, aunque la mayor parte del que consumes ya no procede del chicozapote. La resina de ese árbol ha sido desplazada por sustancias artificiales. No obstante, muchos niños en Yucatán todavía mastican el chicle en su forma natural, dándole sabor y color con hojitas de yerbabuena.

Sarah Corona (adaptación).

Actividades de aprendizaje

Trabajo en equipo

Localicen en el texto *El chicle* los párrafos que hablan del árbol de chicozapote.

Anoten en su cuaderno las ideas principales de cada párrafo.

Elaboren una ficha del chicozapote con los datos que registraron.

Comparen su ficha con la elaborada por otros equipos.

1. Subraya de qué trata el texto.

- Del alimento de los murciélagos.
- Del fruto del chicozapote.
- Del origen del chicle.

2. Identifica, con tus compañeros de equipo, la idea principal de cada párrafo.

- Subraya las ideas principales y compáralas con las subrayadas por otros equipo.
- Menciona de qué trata cada párrafo.

3. Completa cómo se elabora el chicle.

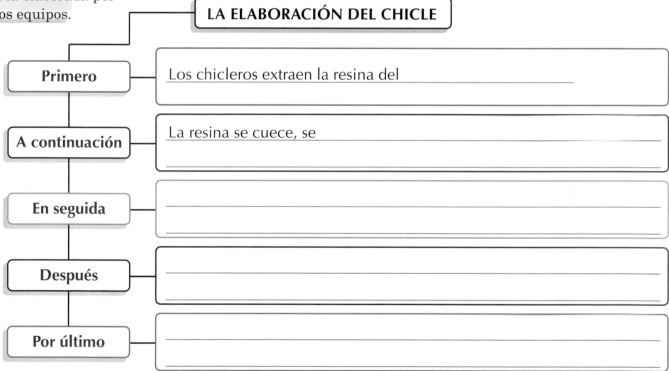

LA ELABORACIÓN DEL CHICLE

Primero — Los chicleros extraen la resina del _____

A continuación — La resina se cuece, se _____

En seguida — _____

Después — _____

Por último — _____

Nos preparamos

◆ **Escribe un sustantivo detrás de cada palabra.**

Mis _____   Tu _____   Su _____

Mi _____   Tus _____   Sus _____

Nuestra _____   Nuestras _____   Nuestro _____

Gramática

Los posesivos

◆ **Observa la fotografía y contesta.**

--• ¿De qué color es **su** pelo? _____

--• ¿Cómo es **su** blusa? _____

--• ¿De qué color es **su** suéter? _____

--• ¿De qué color es **su** falda? _____

--• ¿Qué tiene en **sus** manos? _____

◆ **Contesta las preguntas; después, comenta con tus compañeros qué indican las palabras destacadas.**

--• ¿De qué color es **tu** pelo? ¿Cómo son **tus** ojos? ¿Cómo es **tu** uniforme?

--• ¿De qué color son **tus** zapatos? ¿Qué tienes en **tu** mochila?

◆ **Rodea las palabras que expresan posesión o pertenencia.**

Mi perro es muy travieso.

El mío también.

◆ **Lee y comenta la siguiente información con tus compañeros.**

Cuando la niña dice **mi** perro, indica que el ser nombrado por el sustantivo **perro** le pertenece.

La palabra **mi** señala a quién pertenece el perro. La palabra **mi** es un **posesivo**.

Cuando el niño contesta el **mío** también, la palabra **mío** hace referencia a **otro perro** e indica a quién pertenece. La palabra **mío** es otro posesivo.

Los posesivos son las palabras que sirven para indicar la persona o personas a las que pertenece un ser o un objeto.

Los posesivos tienen formas para el masculino, para el femenino, para el singular y para el plural.

	MASCULINO	FEMENINO
SINGULAR	mío, tuyo, suyo, nuestro, suyo, mi, tu, su	mía, tuya, suya, nuestra, suya, mi, tu, su
PLURAL	míos, tuyos, suyos, nuestros, suyos, mis, tus, sus	mías, tuyas, suyas, nuestras, suyas, mis, tus, sus

Actividades de aprendizaje

1. Subraya los posesivos de estas oraciones.

- → Nuestra computadora es potente.
- → Tu gato es muy huraño.
- → Esos libros son míos.
- → Las galletas son suyas.

- → Ésos son tus lentes.
- → ¿Dónde está su maestra?
- → Este lápiz es tuyo.
- → ¿Dónde está mi gorra?

2. Rodea los posesivos que aparecen en el siguiente texto.

Las huellas hablan

Una tarde, nuestra vecina llegó a la casa y nos dijo:
—Su perro destruyó las rosas de mi jardín.
—¿Nuestro perro? ¿Está usted segura de que fue él? —preguntó mi papá.
—¡Claro que fue su perro! Mire, esas huellas son suyas —contestó la vecina, señalando unas marcas que estaban en el piso.
Efectivamente, sus huellas lo delataron.

3. Escribe el nombre de cada objeto.

- → Escribe un posesivo que pueda acompañar a cada uno de los sustantivos que escribiste.

Su bicicleta _____ _____ _____

4. Transforma cada oración en otra que tenga un posesivo.

- → Yo tengo una bicicleta de montaña.   La bicicleta de montaña es mía.
- → Tú tienes una mochila azul. _____
- → Nosotros tenemos un perro café. _____

5. Escribe en cada caso una respuesta que tenga un posesivo.

¿Tus calcetines son amarillos?   No, mis _____

¿Está enfermo tu amigo?   Sí, _____

¿Su papá es de Oaxaca?   _____

El caballo blanco

Éste es el corrido del caballo blanco
que un día domingo feliz arrancara;
iba con la mira de llegar al norte,
habiendo salido de Guadalajara.

Su noble jinete le quitó la rienda,
le quitó la silla y se fue a puro pelo;
cruzó como rayo tierras nayaritas
entre cerros verdes y lo azul del cielo.

A paso más lento llegó hasta Escuinapa,
y por Culiacán ya se andaba quedando.
Cuentan que en Los Mochis ya se iba cayendo,
que llevaba todo el hocico sangrando.

Pero lo miraron pasar por Sonora
y el Valle del Yaqui le dio su ternura;
dicen que cojeaba de la pata izquierda
y a pesar de todo, siguió su aventura.

Llegó hasta Hermosillo y siguió pa' Caborca,
y por Mexicali sintió que moría;
subió paso a paso por la Rumorosa,
llegando a Tijuana con la luz del día.

Cumplida su hazaña se fue a Rosarito
y no quiso echarse hasta ver Ensenada.
Éste fue el corrido del caballo blanco
que salió un domingo de Guadalajara.

José Alfredo Jiménez

Actividades de aprendizaje

1. Contesta.

--• ¿Qué narra el corrido *El caballo blanco*? _____

_____

--• ¿Dónde ocurrieron los hechos? _____

_____

--• ¿Cuántas estrofas tiene el corrido? _____

--• ¿Cuántos versos tiene cada estrofa? _____

2. Reúnete con tus compañeros de equipo y soliciten un atlas en la biblioteca del colegio o de la localidad.

--• Localicen en el mapa político de la República Mexicana las entidades federativas por las que pasó el caballo blanco.

--• Reproduzcan el mapa en una hoja blanca y coloquen un círculo rojo donde se localizan Guadalajara, Culiacán, Los Mochis, Hermosillo y Mexicali.

--• Revisen el texto del corrido y tracen en el mapa el recorrido del caballo blanco. No olviden que cruzó por tierras nayaritas.

3. Comenta con tus compañeros.

--• ¿Qué corridos conocen? ¿Dónde los han escuchado?

--• ¿Consideran que son interesantes? ¿Por qué?

Redactamos

◆ **Convierte el corrido *El caballo blanco* en un cuento.**

--• Imagina que el caballo blanco tenía que hacer ese recorrido por un motivo importante.

--• Puedes añadir todos los personajes que consideres necesarios.

--• Elabora en tu cuaderno un esquema como éste con las ideas principales del relato.

MOTIVO DEL RECORRIDO	PERSONAJES	TÍTULO	ACCIONES	
			Qué pasó primero	Qué ocurrió después	Qué pasó al final

◆ **Redacta el cuento. Después, revísalo, corrígelo, pásalo en limpio e ilústralo.**

Palabras con v

La **v** y la **b** son letras que representan el mismo sonido; por eso es difícil distinguir cuándo una palabra se escribe con **v** o con **b**; sin embargo, si tomamos en cuenta las siguientes recomendaciones, podremos utilizar adecuadamente estas letras.

-• Si una palabra se escribe con **v**, todas las palabras de su **familia** también se escriben con **v**. Ejemplos: **v**ecino, **v**ecindad, **v**ecindario, **v**ecinal...

-• Con la letra **v** se forma el grupo consonántico **nv**. Por eso, después de **n** se escribe **v**. Ejemplos: i**nv**ento, e**nv**ío, co**nv**ivir.

-• Se escriben con **v** los **adjetivos** terminados en -**ava**, -**ave**, -**avo**, -**eva**, -**eve**, -**evo**, -**iva**, -**ivo**. Ejemplos: oct**ava**, nu**eva**, v**iva**, su**ave**, br**eve**, v**ivo**, oct**avo**, nu**evo**.

1. Escribe cada palabra en la familia que le corresponde.

lavadero
avioneta
lavandera
viola

violines
vestidor
vestuario
avioncito

aviador
lavandería
aviación
violonchelo

vestimenta
violinista
lavadora
vestidito

FAMILIA DE

LAVAR	VESTIDO	AVIÓN	VIOLÍN

2. Lee el texto y subraya las palabras que tienen nv y mb. Después, escríbelas en el lugar que les corresponde.

Humberto le envió una invitación a Lucía para su fiesta de cumpleaños.

Lucía no sabía cuál sería el regalo más conveniente para su amigo. Podía ser un equipo de investigador privado, pues a Humberto le gustaba averiguarlo todo. También podía regalarle un tambor o una chamarra para la temporada invernal.

Como su amigo quería ser inventor, tal vez un juego de química sería un buen regalo. Con las fórmulas del juego podría inventar un brebaje de color ámbar para hacerse invisible. De todas formas, Humberto podría cambiar el regalo por otra cosa si Lucía guardaba la nota de compra.

PALABRAS CON NV	PALABRAS CON MB
_____	_____
_____	_____
_____	_____
_____	_____

3. Completa las oraciones con las palabras de la derecha. No olvides escribir con mayúscula las palabras con las que empieza una oración.

-• Positivo es lo contrario de _____.

-• _____ es lo contrario de inexpresiva.

-• Pasivo es lo contrario de _____.

-• _____ es lo contrario de inofensiva.

expresiva
ofensiva
negativo
activo

4. Completa las oraciones con el adjetivo correspondiente.

cautivo   longevo   primitivo   octavo   breve   leve

-• La tortuga es un animal _longevo._____

-• Carlos se hizo una herida _____ en la cabeza.

-• Leímos en el salón un cuento _____ con un final sorprendente.

-• José tiene su consultorio en el _____ piso de ese edificio.

-• En el museo vimos los restos de un hombre _____ .

-• Ricardo tenía un conejo _____ en una jaula.

Para terminar

1. Lee el siguiente texto y subraya las ideas principales.

La libélula

La libélula es un insecto volador que vive cerca del agua. En los charcos, en los estanques, en los pantanos e incluso en las albercas podemos ver volar libélulas de variados colores.

La libélula tiene un cuerpo muy delgado, seis patas y cuatro alas transparentes que parecen de cristal. Todo esto hace que el vuelo de la libélula sea muy veloz. Puede volar ¡hasta 100 kilómetros en una hora! ¿Te imaginas eso?

Si pasa cerca de ti una libélula, no te asustes. La libélula es un insecto inofensivo.

2. Escribe las palabras de la familia volar que aparecen en el texto.

FAMILIA DE VOLAR _____

3. Juega con tus compañeros a formar familias de palabras que se escriben con v.

Taller 7 El resumen

1. Lee el siguiente texto.

Defensas eficaces

El **resumen** de un texto es la presentación breve y ordenada de las ideas principales de éste.

Para elaborar el resumen de un texto, debes realizar lo siguiente:

- Leer atentamente el texto para saber de qué trata.
- Identificar la idea principal de cada párrafo.
- Escribir en orden las ideas principales.

¿Alguna vez has escuchado decir que el pez grande se come al chico? Pues no siempre es verdad, porque los animales marinos han desarrollado curiosos sistemas con los que se defienden eficazmente de sus enemigos.

Algunos peces cambian de forma. Es el caso del pez globo que, cuando se siente en peligro, se hincha hasta hacerse dos veces más grande de lo que era. De ahí viene su nombre.

Otros peces se camuflan para pasar inadvertidos. Por ejemplo, el aspecto del pez roca le permite confundirse entre las rocas del fondo del mar.

Hay peces que producen descargas eléctricas cuando los atacan. Así, la raya torpedo posee esta capacidad y la pone en práctica mediante un músculo especial de su cabeza. ¡Puede soltar una descarga de más de 200 voltios!

Un sistema muy efectivo es el del calamar y de otros animales parecidos que, cuando son perseguidos, lanzan al agua un líquido oscuro, la tinta, con la que envuelven al enemigo y lo despistan. El calamar aprovecha la confusión de su enemigo para huir veloz... ¡A ver quién lo pesca!

Como ves, en estos casos podemos aplicar el dicho "más vale maña que fuerza".

2. Marca con una ✔ de qué trata este texto.

☐ De cómo se defienden los animales de sus enemigos.

☐ De cómo se defienden los animales marinos de sus enemigos.

☐ De cómo se defiende el pez globo de sus enemigos.

3. Identifica los párrafos del texto y subraya la idea principal de cada uno.

4. Completa el esquema.

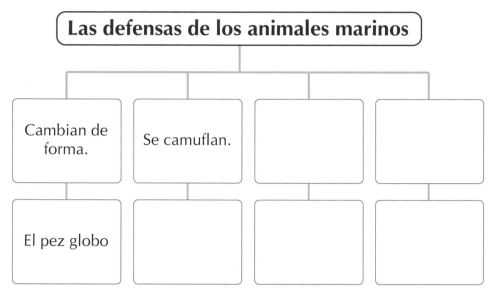

Las defensas de los animales marinos

| Cambian de forma. | Se camuflan. | | |

| El pez globo | | | |

Los esquemas se emplean para registrar el contenido más importante de un texto informativo.

Generalmente, en un esquema se anotan las ideas principales de los párrafos que componen un texto; de este modo, los datos anotados se pueden emplear para redactar un resumen.

5. Elige y subraya la expresión que utilizarías para iniciar el resumen de este texto.

- Muchos animales se defienden de sus enemigos.
- El calamar tiene un efectivo sistema de defensa.
- Algunos animales marinos han desarrollado curiosos sistemas de defensa.

6. Ahora, redacta un resumen del texto.

- Ponle un título.
- Escribe a continuación el comienzo que elegiste.
- Utiliza la información del esquema.

Los hechos de nuestro país y del resto del planeta se pueden conocer a través del periódico, del radio o de la televisión. El siguiente texto, relacionado con un acontecimiento actual, se publicó en un periódico.

Jueves 19 de febrero de 1998

Información nacional

EL OCCIDENTE
INFORMATIVO INDEPENDIENTE

Año II, Número 795

Incendios en cinco estados

Querétaro, 18 de febrero.- Han sido insuficientes los esfuerzos para apagar los incendios que consumen grandes extensiones de bosques en cinco estados del país.

Los incendios forestales surgieron en Hidalgo, Veracruz, Oaxaca, Querétaro y Puebla.

Las nevadas y heladas, que resecaron los pastizales, unidas a la sequía, han provocado que los incendios se multipliquen.

El fuego no ha sido controlado y los daños forestales ocasionados por estos incendios son muy grandes.

A pesar de los esfuerzos realizados por las autoridades de cinco estados del país, los incendios forestales siguen incontrolados.

1. Lee la noticia y contesta.

-• ¿Qué sucedió? _____

-• ¿Dónde ocurrió? _____

-• ¿Cuándo sucedió? _____

-• ¿Por qué sucedió? _____

2. Di la noticia como si fueras el conductor de un noticiero de televisión.

3. Organiza, con tus compañeros de equipo, un noticiero para transmitirlo por radio.

-• Reúnan varios periódicos y revísenlos.
-• Separen las secciones que los conforman: acontecimientos nacionales e internacionales, cultura, deportes, espectáculos, etcétera.
-• Recorten las noticias que consideren más importantes y organícenlas por secciones.
-• Lean las noticias como si las estuvieran transmitiendo por radio.

La noticia

La **noticia** es la comunicación de un acontecimiento interesante ocurrido recientemente.

Las noticias se dan a conocer por medio del radio, la televisión o los periódicos.

Los aspectos acerca de los que informan las noticias son los siguientes:

- -• Los acontecimientos ocurridos.
- -• Quién o quiénes participaron en los hechos.

- -• Cuándo sucedieron.
- -• Dónde ocurrieron.

Para escribir una noticia es necesario contestar las siguientes preguntas:

- -• ¿Qué pasó?
- -• ¿Cuándo pasó?
- -• ¿Quién o quiénes participaron?
- -• ¿Dónde pasó?

1. Observa esta escena e inventa las respuestas que sean necesarias.

- -• ¿Qué pasó? _____

  _____

- -• ¿Quiénes participaron? _____

  _____

- -• ¿Cuándo sucedió? _____

- -• ¿Dónde ocurrió? _____

  _____

  _____

2. Ahora, escribe una noticia con las respuestas anteriores.

- -• Piensa en un título breve e interesante para la noticia y escríbelo.
- -• No olvides anotar el nombre del lugar y la fecha antes de redactar el texto de la noticia.

_____

_____

_____

_____

_____

_____

Los icebergs

¿Alguna vez has visto flotar una montaña? Tal vez te parezca extraña la pregunta, ya que las montañas se mantienen firmemente unidas al suelo; sin embargo, en los mares próximos a las regiones polares de la Tierra se ven con frecuencia unos enormes bloques de hielo, tan grandes como montañas, que flotan a la deriva. Estas masas heladas son conocidas con el nombre inglés de icebergs, que significa "montañas de hielo".

En los polos terrestres hace tanto frío que el agua de los mares se congela y se acumula en inmensas concentraciones de hielo llamadas glaciares. Los glaciares más grandes del mundo están en Groenlandia y en la Antártida.

Los icebergs son fragmentos de hielo que se desprenden de los glaciares polares, ya sea por efecto de una temperatura más cálida o debido al oleaje, y que se quedan flotando en el agua. La mayoría de los icebergs tienen una longitud de varios cientos de metros, pero hay algunos que llegan a medir hasta 10 kilómetros de largo.

En cuanto a la altura, muchos icebergs miden entre 20 y 40 metros, aunque no es extraño encontrar algunos que llegan a medir más de 50 metros. De esta gran masa helada, sólo sobresale del agua una décima parte; el resto permanece sumergido, oculto a las miradas.

Los icebergs no permanecen inmóviles en el mar, las corrientes marinas los arrastran hacia las regiones ecuatoriales, donde se deshacen después de varias semanas o meses. Durante este trayecto, los icebergs constituyen un serio peligro para la navegación, pues han causado muchas catástrofes, como la del *Titanic*.

En 1912 se construyó el *Titanic*, uno de los barcos más grandes que jamás hubiese existido. Media casi 300 metros de largo y había sido hecho con tal cuidado, que sus fabricantes afirmaban que era el barco más grande, más rápido y más seguro de la historia, pues jamás se hundiría.

El *Titanic* realizó su primer viaje el 10 de abril de 1912; partió del puerto de Southampton, Inglaterra y, tan sólo en cinco días, llegaría a Nueva York, Estados Unidos de América. Sin embargo, en la madrugada del 15 de abril el *Titanic* desapareció tragado por las aguas del mar. ¿Qué sucedió?

La noche anterior, el buque se aproximó a un iceberg. La tripulación no se dio cuenta del peligro y no pudo evitar el choque.

Por increíble que parezca, el bloque de hielo logró abrir un boquete de 100 metros de largo en el casco de acero del *Titanic*, lo que produjo el hundimiento del barco.

El *Titanic* no llevaba suficientes lanchas salvavidas; por eso, de sus 2 224 pasajeros sólo fueron rescatados 711; el resto murió en el naufragio. ¡Y se trataba del barco más seguro del mundo!

Después de la tragedia del *Titanic*, muchos países se dedicaron a localizar y vigilar los icebergs que cruzaban por las zonas de tránsito marino. En la actualidad, los barcos llevan un instrumento llamado radar que les permite detectar a mucha distancia la presencia de icebergs. Gracias al radar, es probable que la tragedia del *Titanic* nunca se vuelva a repetir.

María de los Ángeles Mogollón y Gabriel Moreno

Actividades de aprendizaje

1. **Lee con atención el texto *Los icebergs*.**

   - Subraya las ideas principales del texto.
   - A partir de las ideas que subrayaste, escribe en tu cuaderno el resumen de lo que le sucedió al *Titanic*.

2. **Contesta.**

   - ¿Cómo era el *Titanic* según sus constructores? _____
     _____

   - ¿Qué le sucedió al barco? _____
     _____

   - ¿Cuándo ocurrió este hecho? _____
     _____

   - ¿Dónde sucedió? _____
     _____

   - ¿Por qué se hundió el buque? _____
     _____

   - ¿Por qué murió la mayoría de los pasajeros? _____
     _____

3. **¿Qué es un iceberg? Escríbelo e ilustra tu texto.**

   ## Un iceberg

   _____
   _____
   _____

Nos preparamos

◆ **Completa lo que dicen los personajes con las palabras Este o Aquel.**

_____ barco
lo armé yo solo.

_____ barco
lo armó mi papá.

Gramática

Los demostrativos

◆ **Observa este paisaje. Imagina que te van a tomar una fotografía en este lugar.**

→ ¿Dónde te pondrías si te dijeran que te colocaras junto a **esa** escultura?

→ Y si te pidieran que te recargaras en **estas** columnas, ¿dónde te ubicarías?

→ ¿Dónde te pondrías si te indicaran que te coloques debajo de **aquella** escultura?

◆ **Clasifica las palabras destacadas de acuerdo con su género y número. Fíjate en los sustantivos a los que acompañan.**

¡Cuántos regalos!

Esta Navidad recibimos muchos regalos de nuestros abuelitos. **Esta** muñeca, **ese** suéter y **aquellos** zapatos se los regalaron a mi hermana Ana. A mi hermano Luis le regalaron **estos** patines, **esos** pantalones y **aquellas** canicas. A mí me regalaron **estas** camisas, **esa** pelota y **aquel** libro. La verdad es que **este** año nos fue muy bien.

SINGULAR		PLURAL	
Masculino	**Femenino**	**Masculino**	**Femenino**

◆ **Comprueba con tus compañeros la siguiente información.**

Los **demostrativos** son palabras que expresan la distancia que hay entre el hablante y los seres o los objetos a los que se refiere.

Los demostrativos **este** y **esta** indican cercanía. Ejemplos: este libro, esta goma.

Los demostrativos **ese** y **esa** señalan distancia media. Ejemplos: ese pizarrón, esa puerta.

Los demostrativos **aquel** y **aquella** indican lejanía. Ejemplos: aquel árbol, aquella estrella.

Los demostrativos tienen **género** y **número**, pueden ser masculinos o femeninos y estar en singular o plural. Las formas de los demostrativos son las siguientes:

SINGULAR		PLURAL	
Masculino	**Femenino**	**Masculino**	**Femenino**
este	esta	estos	estas
ese	esa	esos	esas
aquel	aquella	aquellos	aquellas

Los demostrativos tienen el mismo género y el mismo número que el sustantivo al que se refieren.

© Santillana

164

Actividades de aprendizaje

1. Escribe un sustantivo después de cada demostrativo.

este _____ ese _____ aquel _____

estos _____ esos _____ aquellos _____

esta _____ esa _____ aquella _____

estas _____ esas _____ aquellas _____

2. Subraya los demostrativos que hay en el siguiente texto.

¡Cuántas órdenes!

¡Cuánto trabajo!

—Tienes que poner un poco de orden en esta habitación. Este oso, aquella fotografía y esos libros puedes acomodarlos en tu librero. En el juguetero guarda esos muñecos y aquellos carritos. Estos pantalones y aquellas playeras van con la ropa sucia. Y, por último, lleva esas galletas a la cocina —dijo mi mamá, sin darme tiempo a replicar.

--• Rodea el sustantivo que va después de cada demostrativo.
--• Di cuál es el género y el número de cada demostrativo.

3. Marca con una ✔ la respuesta correcta. ¿Cómo te referirías al libro que estás leyendo en este momento?

[ ] Este libro.   [ ] Ese libro.   [ ] Aquel libro.

4. Completa las oraciones con los demostrativos adecuados.

--• Siéntate aquí. _____ sillas casi siempre están desocupadas.

--• René está escondido detrás de _____ árbol.

--• Voy a llevar a la tintorería _____ suéter y _____ pantalones.

--• ¿Ves _____ montaña nevada allá a lo lejos?

5. Juega con tus compañeros.

Cada alumno debe nombrar dos objetos que se encuentren en el salón, uno que esté cerca y otro que esté lejos, utilizando los demostrativos correspondientes.

Este lápiz y aquella chamarra.

Ortografía

Palabras con g

La letra **g** se utiliza para representar un sonido **suave** y otro **áspero**.

El sonido suave de la **g** se representa de las siguientes formas:

-→ Con **g** cuando se escribe delante de las vocales **a**, **o**, **u**: ga, go, gu. Ejemplos: **ga**to, **go**rila, **gu**sano.

-→ Con **gu** antes de las vocales **e**, **i**: gue, gui. En estos casos la **u** no representa ningún sonido. Ejemplos: **gue**rrero, **gui**tarra.

-→ Con **gü** antes de las vocales **e**, **i**: güe, güi. Cuando en las combinaciones gue, gui debe pronunciarse la **u**, se escriben sobre esta letra dos puntos llamados **diéresis**. Ejemplos: ci**güe**ña, pin**güi**no.

1. Escribe los nombres.

_____   _____   _____   _____

2. Lee el texto y subraya las palabras que tengan el sonido g suave.

Algo sobre los lobos

A los lobos les gusta comer conejos, liebres y ratas. De este modo, evitan que esos animales se conviertan en plagas; pero también comen lagartijas y fresas silvestres. Los lobos persiguen a su presa hasta que logran atraparla; luego se la comen, pero siempre guardan algo para alimentar a los cachorros.

Los lobos construyen su madriguera en lugares cercanos a ríos y lagos porque necesitan mucha agua para beber. También les gusta bañarse y jugar con ella.

Los cachorros son muy juguetones y los padres tienen que protegerlos de las águilas y de los coyotes.

Los lobos se pueden extinguir porque los persiguen los ganaderos y los cazadores.

-→ Escribe las palabras que subrayaste donde corresponde.

Palabras con ga, go, gu	_____
Palabras con gue, gui	_____

3. Completa las palabras con ga, gue, gui, go o gu.

-• _____tarra   -• _____rrión   -• hormi ____ro   -• ho ____ra

-• a ____acate   -• tortu _____   -• can ____ro   -• lechu _____

4. Ordena las sílabas y escribe las palabras que se forman.

güe ña ci   _____   ca pin güi   _____

gue man ra   _____   gui á la   _____

5. Forma diminutivos y escríbelos.

GUITA	GÜITA

amiga ➤ _____   lengua ➤ _____

tortuga ➤ _____   agua ➤ _____

hormiga ➤ _____   yegua ➤ _____

oruga ➤ _____   paraguas ➤ _____

6. Escribe la diéresis en las palabras que la necesitan.

-• unguento   -• guirnalda   -• zaguán   -• verguenza

-• juguete   -• lengueta   -• desague   -• antiguo

Para terminar

1. Lee el texto y subraya las ideas principales.

El primer avión

El primer avión impulsado con motor lo construyeron los estadounidenses Orville y Wilbur Wright en 1913. Era un aparato de madera con dos hélices movidas por un motor. ¿Te imaginas un avión de madera volando por los cielos?

Una fría mañana de diciembre de ese mismo año, los hermanos Wright decidieron probar su aparato. Se reunieron con cinco personas más en una llanura de Carolina del Norte, en Estados Unidos de América.

Oliver se subió al aeroplano y voló durante doce segundos, doce angustiosos segundos para los que esperaban en tierra. El aparato recorrió cuarenta metros y consiguió elevarse a tres metros de altura. Había nacido el primer avión impulsado por motor.

2. Escribe en tu cuaderno el resumen del texto.

3. Redacta una noticia en la que utilices la información del texto.

Seguramente, te gustaría tomar un refresco burbujeante y frío cuando ves su anuncio en la televisión. Tal vez, también te gustaría visitar una playa o conocer algún lugar cuando ves aparecer sus imágenes en la televisión. Esto se debe a la manera en que los publicistas presentan sus mensajes. Comenta con tus compañeros las siguientes imágenes.

CANTONA

Los publicistas utilizan carteles, fotografías murales, periódicos, revistas, cine, televisión y todos los medios que tienen a su alcance para enviarnos sus mensajes publicitarios.

1. Comenta con tus compañeros qué producto se te antoja cuando lo ves anunciado.

-• Explica cómo es el anuncio y dónde lo has visto.

2. Elige, con tus compañeros de equipo, un producto que les guste.

-• Pueden seleccionar un refresco, un pastelito, un cereal, un chocolate, un juguete o una prenda de vestir.
-• Observen de qué manera los publicistas anuncian el producto en la televisión.
-• Investiguen en qué otros medios se anuncia el mismo producto.

3. Preparen un cartel para invitar a la gente a conocer su localidad.

-• Seleccionen algunos lugares de interés de la localidad: mercados, museos, parques...
-• También pueden elegir los platillos propios de la región, las fiestas típicas de la localidad o la hospitalidad de los habitantes.
-• Elaboren el cartel en un pliego de cartulina. Utilicen plumines y lápices de colores para hacer el dibujo y el texto.

La publicidad

La **publicidad** tiene como finalidad presentarnos un producto o servicio y convencernos de sus bondades y de su utilidad. Esto se realiza a través de los medios de comunicación: el periódico, las revistas, el radio, la televisión, el cine.

La publicidad utiliza **anuncios publicitarios**. El anuncio publicitario es un **mensaje** que nos invita a realizar algunas acciones: comprar un producto, asistir a un espectáculo, visitar un lugar. El anuncio publicitario, entre otras cosas, también nos puede convocar a cuidar nuestros recursos, a participar en las campañas de vacunación o a proteger nuestra salud.

Los anuncios publicitarios pretenden atraer nuestra atención, por eso combinan varios recursos: palabras, imágenes, música, sonidos y efectos especiales.

El mensaje publicitario generalmente es **breve**, **atractivo** y **fácil de memorizar**; sin embargo, hay algunos mensajes publicitarios que engañan a la gente con tal de vender un producto que no cumple con lo anunciado.

1. ¿Cuál es el anuncio que más te gusta? Dibuja el producto y escribe el mensaje publicitario.

_____

_____

_____

_____

-• Escribe por qué te gusta ese anuncio.

_____

_____

2. Piensa en algún mensaje publicitario que engañe o exagere las cualidades del producto que anuncia.

-• Dibuja el producto, escribe el mensaje y explica por qué es mentiroso o exagerado.

_____

_____

_____

_____

3. Inventa un producto mágico, dibújalo y escribe un mensaje publicitario para él.

Ejemplo

Para volar
   y al cielo llegar
      "Volatín" debes tomar.

Una planta muy útil

El nopal es una planta que pertenece a la familia de las cactáceas. Su nombre náhuatl es *nopalli* y el científico es *Apunta cactus*. Esta planta puede almacenar grandes cantidades de agua que, gracias a su gruesa corteza, no se evapora. Así, puede vivir en zonas donde casi no llueve.

En el nopal, las hojas se han transformado en filosas espinas, que sirven para protegerlo de los animales.

La forma en que se reproduce esta planta es otra muestra de su capacidad de supervivencia y adaptación al medio desértico, ya que puede reproducirse por medio de sus hermosas flores, que suelen ser de muchos colores, o bien, clavando cualquier trozo de la planta dentro de la tierra. Ese trozo pronto produce raíces y nuevos retoños.

El nopal tiene muchos y asombrosos usos: como alimento, en la construcción de casas, como forraje, en medicina, en productos de belleza y para teñir telas.

Como alimento, el nopal es muy nutritivo. Su fruto, la tuna, es superior en proteínas, vitaminas y minerales a la manzana, el durazno, la papaya y el plátano. Los tallos son ricos en calcio, fósforo y vitaminas B y C.

El nopal se puede comer de muchas maneras. Los tallos se limpian de espinas y se preparan asados, en sopas, guisados o en ensaladas. La tuna se come fresca, en dulce, mermelada, miel o en bebidas y refrescos.

La planta se aprecia bastante en la construcción de casas, pues la cal que se usa para cubrir las paredes se adhiere mejor si se mezcla con el jugo o "goma de nopal"; también se utiliza para impermeabilizar techos y paredes; las pencas o tallos molidas se emplean para aumentar la resistencia del adobe con que se edifican las casas en el campo. Muchos campesinos siembran nopales alrededor de su terreno para formar hermosas cercas que impiden la entrada de ganado ajeno o la salida del propio.

En épocas de sequía, el nopal se utiliza como forraje, es decir, como alimento del ganado. Una buena vaca lechera come hasta 90 kilos de nopales secos diarios, y dicen los ganaderos que su mantequilla adquiere un color dorado y un sabor muy agradable.

En la medicina, el uso del nopal es muy antiguo. Los mexicas lo empleaban contra muchas dolencias del estómago.

Actualmente se ha encontrado que el consumo regular de nopal, cuyas pencas tienen un alto contenido de fibra, elimina algunas molestias de muchas enfermedades estomacales e intestinales.

En productos de belleza, el jugo de las pencas se utiliza en la fabricación de jabones y enjuagues para el cabello.

Algunos nopales se emplean para cultivar la cochinilla, un insecto parásito que proporciona grandes beneficios. De las hembras se obtiene una sustancia roja, conocida como grana, muy apreciada en el mundo entero como tinte. La grana se utiliza para teñir telas y para dar color a los alimentos, bebidas, productos de belleza y medicinas. Su empleo es más saludable que el de las pinturas artificiales, que pueden provocar alergias.

El nopal es una planta muy conocida por los que vivimos en México. No sólo la encontramos en los campos, también aparece en el Escudo Nacional y en nuestra bandera.

Sarah Corona (adaptación)

1. **Escribe un título que mencione el contenido del texto.**

   _____

2. **Comenta con tus compañeros de equipo.**

   -• ¿Por qué el nopal se puede adaptar a lugares desérticos?
   -• ¿En qué se transformaron las hojas de esta planta?
   -• ¿Para qué le sirven?
   -• ¿Cómo se reproduce esta planta?

Trabajo en equipo

Elaboren anuncios con mensajes publicitarios para promover tres productos que se elaboren con el nopal.

Inventen un nombre para cada producto y destaquen en los mensajes publicitarios las cualidades de los productos.

Ilustren los anuncios y muéstrenlos a sus compañeros para que expresen su opinión.

3. **Completa el esquema.**

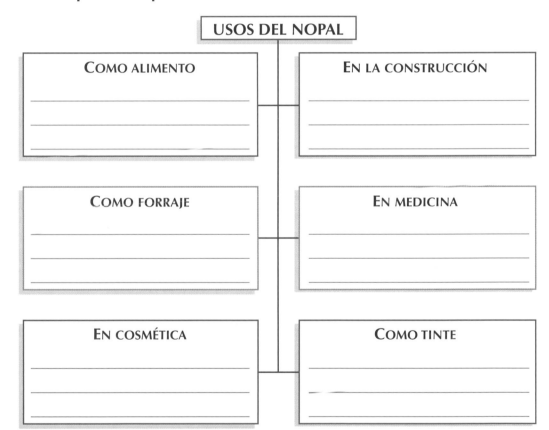

USOS DEL NOPAL

COMO ALIMENTO	EN LA CONSTRUCCIÓN
COMO FORRAJE	EN MEDICINA
EN COSMÉTICA	COMO TINTE

◆ **Escribe y pronuncia la palabra hoja y contesta.**

   -• ¿Cuántas letras tiene la palabra hoja? _____

   -• ¿Pronuncias la h? _____ ¿Cuántos sonidos tiene la palabra hoja? _____

◆ **Forma tres palabras diferentes con estas letras.**

   a r o m → _____   _____

Sonidos y letras. El abecedario

◆ **Lee lo que está escrito en el tablero y contesta.**

-◦ ¿Qué palabras aparecen en el tablero del juego?

_____

-◦ ¿Qué letras forman cada palabra? _____

_____

-◦ ¿Qué vocal forma parte de las dos palabras?

_____

◆ **Fíjate en el camino que debe seguir este personaje.**

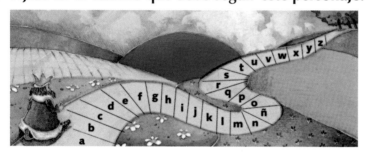

-◦ Lee en voz alta las letras del camino que sigue el rey.

◆ **Lee el diálogo y comenta con tus compañeros la siguiente información.**

¡Claro!

¿Tiene nopales?

Cuando el vendedor dice la palabra **claro**, pronuncia una serie de **sonidos**:

| c | l | a | r | o |

La señora también pronuncia sonidos cuando habla:

| t | i | e | n | e | n | o | p | a | l | e | s |

Cuando hablamos, pronunciamos sonidos. Los sonidos pueden ser de dos clases: vocales (a, e, i, o, u) y consonantes (c, l, r, t, n...).

La palabra **nopales** se representa por medio de siete letras:

| n | o | p | a | l | e | s |

En la escritura, representamos los sonidos mediante **letras**. El conjunto de las letras que forman parte de una lengua se llama **abecedario** o **alfabeto**.

Nuestra lengua tiene 27 letras, **cinco vocales** y **22 consonantes**. Las 27 letras ordenadas forman el alfabeto o abecedario.

Nuestro abecedario es éste:

| a | b | c | d | e | f | g | h | i | j | k | l | m | n |
| ñ | o | p | q | r | s | t | u | v | w | x | y | z |

Actividades de aprendizaje

1. Escribe el nombre de cada fruta y pronúncialo.

_____   _____   _____   _____

- • Separa las letras de cada palabra y anota cómo se llama cada letra.

- • p e r a _____   - • Pe e erre a _____

- • _____   - • _____

- • _____   - • _____

- • _____   - • _____

2. Separa y clasifica las letras de las siguientes palabras.

elefante   venado   jirafa   lobo   murciélago   pez

VOCALES	CONSONANTES

3. Forma un nombre de animal con las letras de cada cuadro.

a ñ a r a   g o t r a t u   g a n u r c o

_____   _____   _____

- • Forma palabras con letras de la palabra murciélago.

murciélago   lago, _____

4. Fíjate en los nombres y escribe las letras que faltan.

De regreso a casa

Dos soldados regresaban a su casa después de varios años de ausencia. Como iban a pie y el viaje era muy largo, pasaban el tiempo platicando y haciendo planes.

—Oye, Canuto —dijo uno de los soldados—, tengo una idea. ¿Qué te parece si nos hacemos negociantes? Así no regresaríamos a nuestras casas con las manos vacías.

—No es mala idea, Torcuato —respondió el otro—, pero apenas tenemos dinero. ¿Qué clase de negocio podemos hacer?

—Mira, pensé que con el poco dinero que tenemos podemos comprar una canasta de naranjas. Luego, por el camino, podríamos vender cada naranja por una moneda y así tendremos un puñado de dinero.

Como a Canuto le pareció una buena idea, vaciaron sus bolsillos y compraron una canasta de naranjas en el primer pueblo por el que pasaron. Para ello gastaron todo lo que llevaban, excepto una moneda.

Una vez comprada la canasta, reemprendieron el viaje. Y decidieron que irían turnándose para cargar la canasta. Cuando ya llevaban un par de horas caminando, Torcuato se paró y dijo:

—Oye, Canuto, tengo mucha sed. ¿Por qué no me vendes una naranja? Tengo una moneda, la que nos sobró: yo te la doy y tú me das una naranja. Al fin y al cabo, ¿qué más te da vendérmela a mí o a un extraño?

A Canuto le pareció bien y entregó una naranja a Torcuato a cambio de la moneda.

Después de un rato, Canuto se detuvo y dijo:

—La verdad, Torcuato es que yo también tengo sed. Así que te daré una moneda y ahora me vendes tú a mí otra naranja.

Torcuato, encantado, le entregó la naranja a Canuto y recuperó la moneda.

Continuaron los dos soldados su viaje y, como el día era caluroso, fueron comprándose las naranjas el uno al otro hasta dejar la canasta vacía. Mientras, la moneda pasaba de mano en mano.

Al cabo de algunas horas, Canuto se paró y dijo pensativo:

—Oye, Torcuato. ¿Sabes que nos quedamos sin nada para vender? ¡No queda ni una naranja!

—¡Claro! —respondió Torcuato—. ¡Ya las vendimos todas!

— ¡Entonces tendremos un buen puñado de dinero!

— Pues… —dijo Torcuato mirando su bolsillo—, la verdad es que yo no tengo más que una moneda.

—Eso no puede ser —dijo Canuto mirando su bolsillo vacío—. ¡Si vendimos cada naranja por una moneda y en la canasta había treinta naranjas, deberíamos tener treinta monedas!

—No lo entiendo, Canuto —dijo Torcuato—. Vendimos todo y tan sólo tenemos una moneda.

—¿Sabes, Torcuato? Creo que esto de los negocios es más complicado de lo que parece. Mejor será que nos dediquemos a otra cosa.

Y los dos soldados decidieron continuar su camino tranquilamente, con los bolsillos vacíos.

Cuento popular

Actividades de aprendizaje

1. Contesta.

- --• ¿Quiénes son los personajes de este cuento? _____

  _____

- --• ¿Por qué compraron la canasta de naranjas? _____

  _____

- --• ¿De quién fue la idea? _____

- --• ¿ Por qué Torcuato y Canuto regresaron a su casa sin dinero? _____

  _____

Trabajo en equipo

Cuando en un cuento aparezcan palabras o expresiones cuyo significado desconozcas, trata de encontrar su significado leyendo toda la historia.

Lee el cuento *De regreso a casa* y busca en el texto la parte donde dice: "Así no volveríamos a casa con las manos vacías". Después, explica a tus compañeros el significado de esa expresión.

2. Explica a tus compañeros lo que ocurrió con los soldados.

3. Cuenta el cuento junto con dos compañeros.

- --• Uno contará lo que pasa, es decir, será el narrador.
- --• Los otros serán Torcuato y Canuto.

4. Imagina otro final para el cuento y escríbelo en tu cuaderno.

Redactamos

◆ **Imagina que Canuto y Torcuato deciden preparar una bebida de naranja para venderla en los pueblos. ¿Cómo se llamará la bebida?**

- --• Escribe el mensaje publicitario que utilizarían para promover su naranjada.

◆ **Ilustra tu mensaje publicitario y léelo a tus compañeros.**

Ortografía

Palabras con j y con g

La letra **j** y la letra **g** (ante **e**, **i**) representan el mismo sonido.

-→ Siempre se escribe **j** ante **a**, **o**, **u**. Ejemplos: bru**ja**, escaraba**jo**, **ju**guetes.
-→ En algunas palabras, se escribe **j** ante **e**, **i**. Ejemplos: tra**je**, **ji**rafa.

-→ En otras palabras, se escribe **g** ante **e**, **i**. Ejemplos: **ge**neral, **gi**gante.
-→ Se escriben con **j** las palabras que terminan en **-aje**. Ejemplos: cor**aje**, ole**aje**.
-→ Se escriben con **j** las palabras que llevan juntas las letras eje. Ejemplos: **eje**rcito, **eje**mplar, t**eje**dor, acons**eje**.

1. Clasifica las palabras.

-→ pájaro   -→ girasol   -→ juguetería   -→ abeja   -→ tijeras   -→ gema   -→ junio
-→ rojo   -→ geranio   -→ espejo   -→ jinete   -→ jitomate   -→ gitana   -→ jefe

	ja	jo	ju
j			

	je	ji
j		

	ge	gi
g		

2. Completa el crucigrama.

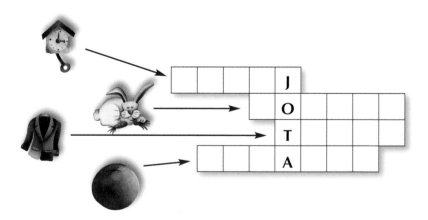

			J		
			O		
			T		
			A		

3. Escribe palabras terminadas en -ito o -ita.

hoja _____   ojo _____   hijo _____

naranja _____   dibujo _____   viejo _____

4. Lee el texto y subraya las palabras que tengan ja, je, ji, jo, ju, ge, gi.

Una caja misteriosa

Jaime y Genoveva jugaban junto con Ana en un paraje. De repente, se encontraron tirada una vieja caja cerrada con un candado. Los niños la recogieron y buscaron la llave bajo las piedras y entre los matorrales. Jaime, que tiene muy buenos ojos, la encontró entre unos girasoles que habían crecido ahí.
En la caja sólo había unas bolsitas llenas de semillas. Ana las vació en una jícara y después, Genoveva las tiró en el jardín de su casa. Fue una idea genial: en junio todo se llenó de flores y también salieron algunos jitomates.

5. Completa las oraciones con el tiempo presente de los siguientes verbos.

germinar   proteger   agitar   girar

-• Manuel _____ el medicamento antes de tomárselo.

-• Las semillas _____ con el agua.

-• Las madres _____ a sus hijos.

-• La Tierra _____ alrededor del Sol.

Para terminar

1. Forma, con las letras de los cuadros, el nombre de cosas que se pueden vender en tu escuela a la hora del recreo.

t a s o r t d u c l e s o s r e f r e c o s

-• Escribe en orden alfabético las letras de las palabras.

2. Imagina que, durante una semana, pondrás un puesto de tortas, dulces y refrescos en el patio del colegio.

-• En tu cuaderno, dibuja y escribe los anuncios de los productos que venderás.

3. Elabora un cartel donde anuncies "La semana de la torta".

-• Revisa la ortografía de tus anuncios. Si es necesario, corrígela.

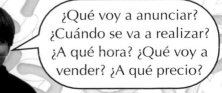

¿Qué voy a anunciar? ¿Cuándo se va a realizar? ¿A qué hora? ¿Qué voy a vender? ¿A qué precio?

Taller 8 El periódico mural

1. Lee y observa los siguientes textos que pueden formar parte de un periódico mural.

EL MURO INFORMATIVO

El **periódico mural** es un tablero o una hoja grande de papel que se coloca sobre una pared o un muro. Sobre este tablero se pegan textos informativos o literarios, avisos e ilustraciones

El propósito del periódico mural consiste en establecer la comunicación con las personas de una comunidad específica; por ejemplo: los alumnos de un grupo, los miembros de un colegio, los vecinos de una unidad habitacional, etcétera.

ÚLTIMAS NOTICIAS

UN BUEN LUGAR

Nuestro colegio se encuentra entre los cinco mejores de la localidad. ¡Felicidades a toda la comunidad escolar!

EXCURSIÓN

Los alumnos de sexto grado visitarán, este fin de semana, el Santuario de las Mariposas Monarca. ¡Buen viaje!

NOTICIAS DEPORTIVAS

Los alumnos de cuarto grado ganaron el torneo interescolar de futbol. ¡Buen trabajo!

El domingo, nuestras jugadoras de voleibol lucharán por el triunfo en la escuela "Benito Juárez" . Vamos todos a apoyarlas.

CULTURA

¿Sabes lo que es un haiku? Mientras lo averiguas, lee estos haikus que escribió un poeta llamado José Juan Tablada.

La luna

Es mar la noche negra,
la nube es una concha,
la luna es una perla.

Sandía

Del verano, roja y fría
carcajada
rebanada de sandía.

¿**Sabías que** el delfín es uno de los animales marinos más rápidos y que nada a una velocidad de 39 kilómetros por hora?

¿**Sabías que** las tortugas marinas pueden llegar a vivir hasta 200 años?

ADIVINA, ADIVINADOR

Una negra larga y fea que sin comer se mantiene:
todo tiene, carne no,
porque la carne soy yo
con la que ella cuerpo tiene.

La sombra

Invitamos a todos los alumnos a recorrer en bicicleta nuestro Centro Histórico. Nos reuniremos en la escuela a las 9 de la mañana.

REGALO PRECIOSOS GATITOS.
ARTURO GARCÍA M. 5o. A.

Si encuentras un llavero con la letra L y tres llaves, por favor entrégalo en la dirección.   Liliana Pérez . 6o. A.

A V I S O S

2. Comenta con tus compañeros.

- ¿Cómo es el periódico mural de la página anterior?
- ¿Qué secciones lo forman?
- ¿Qué secciones te gustaría que tuviera el periódico mural de tu colegio?

3. Marca con una ✔ lo que te gustaría publicar en el periódico mural de tu escuela.

☐ Una noticia.   ☐ Un poema.   ☐ Un cuento breve.

☐ Una canción.   ☐ Una copla.   ☐ Un trabalenguas.

☐ Un chiste.   ☐ Un aviso.   ☐ Una entrevista.

- Redacta el texto, ilústralo y léelo a tus compañeros.

_____

_____

_____

_____

_____

_____

Un periódico mural se puede organizar en varias secciones de acuerdo con los materiales reunidos y con los propósitos de las personas que lo elaboran.

4. Participa en la planeación del periódico mural de tu grupo. Discute con tus compañeros.

- ¿En qué parte del salón se colocará el periódico?
- ¿Qué secciones tendrá?
- ¿Quién será el encargado de cada sección?
- ¿Qué textos se publicarán?
- ¿Qué día se publicará?

5. Redacta e ilustra el texto que publicarás en el periódico mural.

_____

_____

_____

_____

_____

_____

Cuando necesitas obtener información acerca de algún tema que estás estudiando, puedes consultar en tus libros escolares; pero cuando quieres conocer el significado de alguna palabra, debes utilizar el diccionario. Observa los siguientes ejemplos:

DICCIONARIO ENCICLOPÉDICO

Brújula (del ital. *bussola*) *s. f.* Instrumento formado por una aguja imantada suspendida sobre un eje, que gira a causa del campo magnético* terrestre y señala siempre aproximadamente la dirección N-S. Sirve para orientarse sobre la superficie de la Tierra.

LOC. perder la brújula *fig.* Perder una persona el control de sus actos, desorientarse.

SIN. Compás, aguja de marear.

Tecnol. Los primeros que utilizaron la brújula fueron los chinos, de quienes la recibieron los árabes, que a su vez la introdujeron en Europa. La primera noticia segura sobre su uso está fechada a fines del s. XIII en Italia. Desempeñó un papel muy importante en

Brújula prismática.

los progresos de la navegación en los descubrimiento geográficos de los s. XV y XVII.

DICCIONARIO ESCOLAR

Brújula *s. f.* Instrumento para orientarse, que tiene una aguja que señala de una manera aproximada la dirección del norte.

Los diccionarios más utilizados por los estudiantes son los escolares y los enciclopédicos.

1. **Lee las definiciones de la palabra brújula que aparecen arriba y comenta con tus compañeros de equipo.**

   -→ ¿Qué diccionario aporta más información acerca de la palabra brújula?
   -→ ¿Qué diccionario tiene ilustración?

2. **Reúnete con tus compañeros de equipo. Soliciten en la biblioteca del colegio o de la comunidad un diccionario enciclopédico y un diccionario escolar.**

3. **Hojeen los diccionarios y contesten.**

   -→ ¿Qué diferencias aprecian a simple vista?
   -→ ¿Cuándo utilizarían un diccionario enciclopédico? ¿Por qué?
   -→ ¿Cuál de los dos diccionarios pueden traer en sus mochilas? ¿Por qué?
   -→ ¿Para qué lo utilizarían?

4. **Soliciten un diccionario de Español-Inglés / Inglés-Español y revísenlo.**

   -→ Comenten para qué sirve este tipo de diccionarios.

El diccionario

El diccionario es el libro que contiene el significado de las palabras.

En el diccionario, las palabras están ordenadas alfabéticamente por su **primera letra**. Primero aparecen todas las palabras que empiezan por **a**, luego todas las que empiezan por **b**, y así sucesivamente hasta la letra **z**. Ejemplo: **a**beto, **b**arco, **c**ocina, **d**ulce...

Las palabras que tienen la primera letra igual están ordenadas por la **segunda letra**. Ejemplo: a**b**anico, a**c**ero, a**d**orno, a**é**reo, a**f**ecto, a**g**ente...

Las palabras que tienen las dos primeras letras iguales están ordenadas por la **tercera letra**, y así sucesivamente. Ejemplo: ca**b**allero, ca**c**erola, ca**d**ena, ca**e**r, café.

1. **Subraya la primera letra de cada nombre. Luego, ordena las palabras por la primera letra.**

camello · elefante · borrego · foca

ardilla · hurón · dinosaurio · gaviota

1. ardilla   2. _____   3. _____   4. _____

5. _____   6. _____   7. _____   8. _____

2. **Subraya la segunda letra de cada palabra; después, ordena alfabéticamente las palabras.**

caramelo · comino · ciruela · crepa · clavo · cereza · cultivo · charco

1. caramelo   2. _____   3. _____   4. _____

5. _____   6. _____   7. _____   8. _____

3. **Subraya la tercera letra de estas palabras y escribe las palabras en orden alfabético.**

babero · bastón · banderín · baúl · baile · barquillo · balsa · batalla

1. babero   2. _____   3. _____   4. _____

5. _____   6. _____   7. _____   8. _____

Texto informativo

El papel

¿Quién inventó el papel?

El papel se fabrica con pasta de madera; pero, ¿quién fabricó la primera hoja de papel?

Cuenta una antigua leyenda que en China, un hombre llamado Tsai-Lung inventó el papel observando lo que hacían las avispas. Esto ocurrió hace más de dos mil años.

Tsai-Lung vio que las avispas construían sus avisperos con una materia blanda que se endurecía al secarse. Las avispas arrancaban trocitos de bambú y los ablandaban con saliva; de esta forma fabricaban una especie de pasta que, al secarse, quedaba muy dura; esa pasta dura era papel.

Tsai-Lung, después de observar el trabajo de las avispas, trituró pedazos de madera de un árbol llamado morera y de bambú. De esta forma, obtuvo una pasta líquida. Después, filtró la pasta; a continuación, la extendió y luego la dejó secar hasta que se endureció. Y así nació ¡la primera hoja de papel!

¿Para qué sirve el papel?

En la actualidad, el papel tiene muchos usos y lo hay de varios tipos: papel suave para pañuelos y servilletas; papel resistente para envolver paquetes y regalos; papel fino y ligero para escribir y dibujar; papel para hacer libros, revistas y periódicos; papel absorbente para los pañales del bebé; papel plastificado para los envases de leche y de jugos de frutas; papel para fabricar billetes de banco...

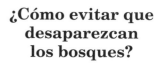

El cartón

El cartón también es papel; se fabrica uniendo varias hojas de un papel muy grueso. El cartón es muy resistente y con él se pueden hacer cajas, carteras, juguetes e incluso mesas y sillas.

Con estos materiales sólo hay un problema: ¡cuidado con el fuego!, porque el papel y el cartón, igual que la madera de los árboles, arde con mucha facilidad.

¿Cómo evitar que desaparezcan los bosques?

Para fabricar todo el papel que necesitamos, hay que cortar millones de árboles todos los años. Si seguimos cortando árboles sin ningún control, llegará un día en que los bosques desaparecerán; pero eso no lo podemos permitir. ¿Qué debemos hacer?

Una forma para evitar que desaparezcan los bosques es volver a plantar árboles jóvenes donde fueron cortados otros. Eso se llama reforestación. Pero la reforestación no es suficiente, porque un árbol tarda en crecer muchos años.

Otra forma de evitar la destrucción de los árboles para fabricar papel consiste en recuperar los papeles viejos para fabricar con ellos un nuevo papel. A esto se le llama reciclaje. Una tonelada de papel de periódicos o de guías de teléfono reciclados, por ejemplo, salvan la vida de ocho árboles.

Carlos Asorey Brey

Actividades de aprendizaje

1. **Subraya con rojo el título y con azul los subtítulos del texto.**

2. **Contesta.**

   -• ¿Consideras importante el invento del papel? _____

   -• ¿Para qué se utiliza el cartón? _____

   _____

   -• ¿Por qué es necesario tener cuidado con el fuego donde hay papel
   y cartón? _____

   -• ¿Qué se necesita para fabricar papel? _____

   _____

   -• ¿Cómo se puede evitar que desaparezcan los bosques? _____

   _____

Trabajo en equipo

Investiguen lo
siguiente en una
enciclopedia:

• ¿Qué es el papiro y
para qué lo
utilizaban los
antiguos egipcios?
• ¿Qué es el amate y
para qué lo
utilizaban los
aztecas?

Organicen una
discusión con el
resultado de su
investigación.

3. **Ordena los pasos que siguió Tsai-Lung para fabricar papel.**

   | | Filtró la pasta. |

   | | Dejó secar la pasta hasta que ésta se endureció. |

   | | Trituró pedazos de madera y obtuvo una pasta líquida. |

   | | Extendió la pasta. |

4. **Comenta con tus compañeros.**

   -• ¿Para qué utilizas el papel?
   -• ¿Qué podrías reunir para reciclar y hacer nuevo papel?

Nos preparamos

◆ **Escribe la forma masculina y singular de los siguientes sustantivos.**

   profesoras _____   bailarina _____   pintoras _____

   doctora _____   científicas _____   directoras _____

◆ **Escribe la forma masculina y singular de los siguientes adjetivos.**

   nuevas _____   delgada _____   rápidas _____

   pequeñas _____   pesadas _____   ligera _____

Las palabras en el diccionario

◆ **Clasifica estos sustantivos de acuerdo con el género.**

cocina   portal   jardín   ventana   edificio   sala   baño   puerta

SUSTANTIVOS MASCULINOS				
SUSTANTIVOS FEMENINOS				

◆ **Escribe dos adjetivos para cada ser que ves en las fotografías.**

_____   _____   _____   _____

_____   _____   _____   _____

◆ **Escribe a qué verbo pertenece cada forma verbal.**

-• corría   <u>correr</u>_____   -• cantaste   _____

-• comerás   _____   -• estudian   _____

-• vivió   _____   -• corrijo   _____

◆ **Comenta con tus compañeros la siguiente información.**

Los **sustantivos** tienen **género**; pueden estar en masculino o en femenino.

Hay sustantivos que tienen **dos formas**: una para el masculino y otra para el femenino. Ejemplos: os**o**, os**a**; niñ**o**, niñ**a**.

Otros sustantivos sólo tienen **una forma**. Ejemplos: pulsera (femenino), pueblo (masculino).

Todos los sustantivos tienen **número**. Pueden estar en **singular** o en **plural**.

Los sustantivos se buscan en el diccionario en **singular**. Si tienen una forma para el masculino y otra para el femenino, hay que buscarlos por el **masculino**.

Los **adjetivos** tienen **género**. Algunos adjetivos tienen dos formas, una para el masculino y otra para el femenino. Ejemplos: alt**o**, alt**a**; frí**o**, frí**a**.

Otros adjetivos tienen la misma forma para el masculino y para el femenino. Ejemplos: alegre, triste, grande.

Los adjetivos también tienen número: **singular** o **plural**.

Los adjetivos se buscan en el diccionario en **singular**. Si tienen una forma para masculino y otra para el femenino, se buscan por el **masculino**.

En el diccionario sólo aparecen las formas de los verbos que terminan en **-ar**, **-er** o **-ir**.

1. Escribe en cada caso la forma del sustantivo o del adjetivo que buscarías en el diccionario.

SUSTANTIVOS		ADJETIVOS	
frijoles	_____	sonrientes	_____
lobas	_____	furiosas	_____
guardias	_____	amigables	_____

--• Ahora ordena alfabéticamente las palabras que escribiste.

1. _amigable_____   2. _____   3. _____

4. _____   5. _____   6. _____

2. Escribe la forma que buscarías en el diccionario para las siguientes palabras.

SUSTANTIVOS		ADJETIVOS	
peregrinas	_____	pobres	_____
paquete	_____	presumidas	_____
pueblos	_____	plateada	_____

--• Ordena las palabras que escribiste por su segunda letra.

1. _paquete_   2. _____   3. _____   4. _____   5. _____   6. _____

3. Lee el texto y subraya los verbos.

¿Se parecen?

María y yo practicamos diferentes deportes. Ella prefiere la natación y a mí me gusta mucho el volibol. Sin embargo, nuestros entrenadores coinciden en lo que nos dicen:
    "¡Adelante¡ ¡Ustedes pueden! ¡El que persevera, triunfa!"

--• Escribe la forma de los verbos que buscarías en el diccionario. Después, ordénalos alfabéticamente.

_practicar_____   _____   _____   _____

_____   _____   _____   _____

1. _____   2. _____   3. _____   4. _____

5. _____   6. _____   7. _____   8. _____

Texto literario

El sol es de oro

CF →El sol es de oro;
CM →la luna, de plata;
T →y las estrellitas,
de hoja de lata.

CF →Vino un gran platero,
que quiso comprarlas.
SF →¿Cuánto das por ellas?
SM →Mil onzas labradas.
SF →Para tantas joyas,
es poco dinero.
CF →Vete con tus onzas,
mísero platero.

CM →El sol es de oro;
CF →la luna, de plata;
T →y las estrellitas,
de hoja de lata.

CM →Vino un jardinero,
que quiso comprarlas.
SF →¿Cuánto das por ellas?
SM →Mil rosas de Arabia.
SF →Para tantas joyas,
tus rosas son pocas.
CF →Vete, jardinero,
vete con tus rosas.

CM →El sol es de oro;
CF →la luna, de plata;
T →y las estrellitas,
de hoja de lata.

CM →Vino una doncella,
tez de terciopelo,
los ojos azules
como otros dos cielos.
SM →Doncella preciosa,
¿cuánto das por ellas?
SF →Con sólo mirarlas
me quedo con ellas.

CM →Mientras lo decía,
miró al firmamento.
T →Y sol, luna, estrellas,
y hasta los luceros,
tomaron sus ojos
por otros dos cielos;
radiantes de gozo
se metieron dentro.

CF →El sol es de oro;
CM →la luna, de plata;
T →y las estrellitas,
de hoja de lata.

Salvador de Madariaga

Algunos textos poéticos pueden adaptarse para recitarlos en forma coral. Prepara con tus compañeros la lectura del poema *El sol es de oro*.

Formen dos coros, uno femenino y otro masculino; después, elijan a los solistas, un niño y una niña.

Las partes del poema marcadas con las letras CF serán recitadas por el coro femenino y las señaladas con las letras CM por el coro masculino.

La letra T indica que deben recitar todos.

Las letras SM señalan que los versos deben ser recitados por un niño y las letras SF indican la parte donde interviene una niña.

1. Lee en silencio el poema de Salvador de Madariaga. No tomes en cuenta las letras que aparecen en color rojo.

2. Contesta.

-● ¿Quiénes quisieron comprar los astros? _____

_____

-● ¿Por qué no se los llevaron? _____

_____

-● ¿Quién se quedó con ellos? _____

-● ¿Cómo se quedó con los astros? _____

-● ¿Por qué sus ojos eran como otros dos cielos? _____

_____

-● ¿Crees que los astros pueden pertenecer a alguien? _____

-● ¿Por qué? _____

_____

3. Escribe junto a cada palabra otra que rime con ella. Búscalas en el texto.

-● lata _____   -● comprarlas _____

-● joyas _____   -● dinero _____

-● firmamento _____   -● luceros _____

4. Ahora, lee con tus compañeros el poema en voz alta.

Redactamos

◆ **Transforma el poema *El sol es de oro* en un cuento.**

-● Inventa un título para el cuento; por ejemplo: "El vendedor de estrellas".
-● Anota las ideas principales de tu cuento en un esquema como el siguiente.

TÍTULO DEL CUENTO

| Lo que pasó primero. | Lo que ocurrió después. | Lo que sucedió al final. |

◆ **Redacta el cuento, revisa su ortografía, ilústralo y muéstralo a tus compañeros.**

Nuestra lengua

Las palabras guía

Llamamos **palabra guía** al término que aparece en la parte superior de las páginas de los diccionarios. Las palabras guía nos ayudan a localizar rápidamente las palabras en el diccionario.

<u>Palabras guía</u>

<u>Palabras guía</u>

carguero - carrera

carguero *s. m.* Barco o tren de mercancías.
caribeño, ña *adj.* y *s.* Del Caribe, mar de América y de las tierras junto a este mar.
caricatura *s. f.* **1.** Dibujo que ridiculiza o exagera los rasgos físicos de una persona

generalmente por una herida: *A causa de la caída tenía toda la pierna en carne viva.* **entrado** (o **metido**) **en carnes** Que está algo gordo. S<small>IN</small>. **3.** Pulpa.
carnero *s. m.* macho de la oveja que tiene el cuerpo cubierto de lana y los cuernos huecos

carreta *s. f.* Carro largo y estrecho, más bajo que el normal, con un madero largo donde se sujeta el yugo al que van atados los animales de tiro, sus ruedas no suelen llevar llantas.
carrete *s. m.* **1.** Cilindro hueco con un borde en cada uno de sus extre-

carreta - cascabel

cartelera *s. f.* **1.** Superficie donde se pueden fijar carteles o anuncios. **2.** Parte de un periódico o revista donde se anuncian los espectáculos, por ejemplo, de cine o teatro.
cartero, ra *s.* Persona que reparte las cartas y los paquetes por correo

En este caso, las palabra guía de la **izquierda** nos dicen cuál es la **primera** y la **última** palabras que se definen en esa página. Lo mismo indican las palabras guía de la **derecha**.

1. Rodea las palabras guía de estas páginas del diccionario y contesta.

biblioteca - bis

biblioteca *s. f.* **1.** Edificio o habitación donde hay muchos libros para que puedan leerse o consultarse: *En la biblioteca de la escuela tienen la novela que quieres leer.* **2.** Conjunto de libros: *Todos los meses Ana se compra un*

bifurcación *s. f.* Punto en que algo, como un camino o río, se divide en dos direcciones, ramales o brazos.
bifurcarse *v.* Dividirse una cosa, como un camino o un río en dos ramales o brazos. ■ Este verbo sólo se usa en tercera persona. Delante

bisabuelo, la *s.* El padre o la madre de los abuelos.
bisagra *s.f.* Objeto formado por dos piezas metálicas unidas por un eje, de manera que una de ellas puede girar y sirve para sujetar dos cosas, por ejemplo, una puerta y su marco. S<small>IN</small>. Gozne

bisabuelo - bloquear

dice de las cosas que son más claras que otras de su especie: *vino blanco, pan blanco.* **4.** Pálido: *Julio se puso blanco y se desmayó.* ‖ *s.* **5.** Objeto o punto situado a cierta distancia hacia donde se dirige un tiro o flecha: *Los niños jugaban a arrojar daros al blan-*

-→ ¿Cuál es la primera palabra que se define en la página de la izquierda?

-→ ¿Cuál es la última palabra que se define en esa página?

-→ ¿Cuál es la primera palabra que se define en la página de la derecha?

-→ ¿Cuál es la última palabra que se define en esa página?

2. Fíjate en las palabras guía y escribe lo que debes hacer para localizar cada una de estas palabras en el diccionario: A (avanzar) o R (retroceder).

río	ritmo
río	risotada
riqueza	ristra
risa	risueño
risco	ritmo

-→ cabaña (R)
-→ sauce (A)
-→ valla ( )
-→ lago ( )

-→ prado ( )
-→ tromba ( )
-→ ventisca ( )
-→ arroyo ( )

3. Ordena alfabéticamente estas palabras. Después, búscalas en el diccionario y escribe las palabras guía que te ayudaron a encontrar cada palabra.

acuático   fuente   alberca   embalse

Palabra	Palabra guía	Palabra	Palabra guía
1._____	_____	3._____	_____
2._____	_____	4._____	_____

4. Ordena alfabéticamente las palabras de cada grupo.

1. límite	lotería	lana	Luna
_____	_____	_____	_____

2. cerco	ciclón	cubo	cara
_____	_____	_____	_____

3. olfato	olvido	olmo	olivo
_____	_____	_____	_____

4. oca	ocio	océano	ocre
_____	_____	_____	_____

Para terminar

1. Subraya los sustantivos, los adjetivos y los verbos que hay en el siguiente texto.

Mi perra

Tengo una perra pequeña y muy inteligente. Tiene las orejas largas y la cola pequeña. Sus ojos cafés son muy expresivos y tiene el pelo negro.

En las tardes, la llevo a pasear con una correa larga para que se pueda alejar de mí y no se me escape.

2. Clasifica en un cuadro como éste las palabras que subrayaste.

--• Escribe, en los casos necesarios, la forma con que buscarías esas palabras en el diccionario.

SUSTANTIVOS	ADJETIVOS	VERBOS
perro	pequeño	tejer

18 ¿ADÓNDE VAMOS DE VACACIONES?

En todas las entidades de nuestro país hay varios tipos de centros turísticos. Las playas, los balnearios y los parques nacionales son ejemplos de centros turísticos de tipo recreativo.

En México también existen museos, zonas arqueológicas y ciudades coloniales que se consideran centros turísticos de tipo cultural.

1. **Di a qué lugar te gustaría ir de vacaciones: a una playa o a una zona arqueológica.**

   -• Expresa por qué te gustaría ir a ese centro turístico.

2. **Comenta con tus compañeros de equipo cómo son los centros turísticos recreativos y culturales de tu entidad.**

   -• Elijan un centro turístico y elaboren un cartel para invitar a la gente a conocer ese lugar.
   -• Expongan el mejor cartel en el periódico mural.

3. **Discute con tus compañeros de equipo a qué lugar les gustaría ir de excursión.**

   -• Lleguen a un acuerdo y organicen una discusión con los demás equipos para elegir un lugar.
   -• Anoten los argumentos que presentarán en la discusión.

La postal

La **postal** es una tarjeta que tiene en una de sus caras un paisaje, la vista de un lugar o alguna otra representación; en la otra tiene dos espacios en blanco.

-• Utilizamos el espacio izquierdo para escribir un mensaje.

-• Empleamos el espacio derecho para anotar el nombre y la dirección de la persona a quien va dirigida la tarjeta postal; ésta no necesita sobre para ser enviada por correo.

Cancún, 24 de julio.

Hola, Daniel:

Vine a pasar unos días de vacaciones con mis primos.
Todos los días vamos a la playa. Aquí te puedes meter al mar porque sus aguas son muy tranquilas.
Mañana iremos a conocer Chichén Itzá. Te enviaré otra postal con sus pirámides. ¡Nos vemos en septiembre!

Efraín

MEXICO
28/V/1998
JALISCO

Daniel Castañeda
Alfonso Reyes 535-4
Colima, Col.

1. **Elige uno de estos lugares y escribe una postal a un amigo o a una amiga.**

-• Puedes decirle dónde estás, qué haces, qué lugares has visitado, qué te gustaría hacer.

2. **Practica aquí la redacción de tu postal.**

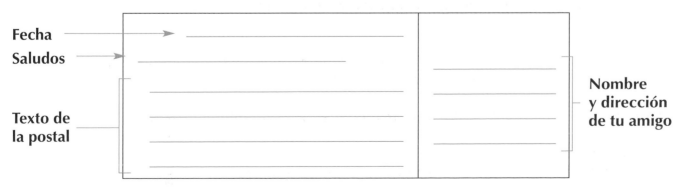

Fecha
Saludos

Texto de la postal

Nombre y dirección de tu amigo

Animales que van y vienen

Como los humanos, algunos animales viajan lejos del lugar donde viven y después regresan a él. Estos viajes se llaman migraciones.

Los animales viajan por causas diferentes: unos buscan alimentos; otros, tierras más cálidas para huir del frío del invierno; unos más se trasladan a otros sitios para aparearse o tener a sus crías. En todo caso, la migración les reporta beneficios.

Algunos animales migran una sola vez en su vida y otros lo hacen repetidamente. Entre los primeros se halla la anguila común, que nace en el mar y se desplaza hasta llegar a un río en el que nada contra la corriente; cuando llega la época de reproducirse, regresa al mar a tener sus crías y muere después. Entre los segundos, se encuentran los búfalos que, cuando escasea la pastura, se desplazan a otros sitios en busca de nuevos pastos. Lo importante es que siempre regresan al punto de partida.

Algunos animales migran anualmente, como las aves que se trasladan hacia lugares cálidos durante el invierno y regresan a los sitios frescos a pasar el verano. También las ballenas migran anualmente para reproducirse.

¿Cómo saben los animales cuándo deben migrar? Si observas con cuidado, advertirás que hay fenómenos naturales que se repiten año con año: la llegada de la primavera, la época de lluvias o la duración de los días.

Los animales son sensibles a este tipo de cambios que les sirven como señales para realizar sus viajes de migración. Algunos migran cuando los días son más cortos y regresan cuando son más largos. Otros se guían por los cambios de temperatura y responden a ellos iniciando su migración.

Todos estos cambios producen en el cuerpo de los seres vivos distintas reacciones. Como resultado de algunas de ellas, se liberan dentro del cuerpo algunas sustancias que provocan cambios en el funcionamiento del organismo. Esto le indica al animal que es tiempo de emigrar.

Pero, ¿y las rutas? ¿Cómo es posible que sigan las mismas rutas siempre y puedan regresar al punto de partida?

Después de mucho experimentar y seguir a los animales en sus viajes, los especialistas han descubierto que, para reconocer los caminos, los animales utilizan diversos tipos de señales: el curso de un río, una cadena de montañas, la línea de la costa, las corrientes de aire o de agua, el movimiento del Sol durante el día y la posición de las estrellas en la noche.

Algunos animales pueden percibir ciertas señales mejor que otros; por ejemplo, las abejas, que se alimentan de polen, regresan diariamente a la misma flor para obtener su alimento. Y no sólo eso, además lo hacen a la misma hora del día. Sus sentidos de la orientación y del tiempo están muy desarrollados.

Como ves, hay animales que viajan por el aire, la tierra y el agua de nuestro planeta y, nosotros, los seres humanos, somos los encargados de proteger el ambiente para que estos viajes puedan seguir realizándose.

Silvia Singer

Actividades de aprendizaje

1. Localiza en tu diccionario el significado de las siguientes palabras.

migración   sensible   ruta   curso

- ➤ Elabora una tarjeta para cada palabra y escribe su significado. Después, ejemplifícalo con una oración.

Trabajo en equipo

Preparen una exposición acerca de la migración de las mariposas monarca o de las ballenas grises.

Investiguen por qué migran los animales elegidos, cuándo lo hacen y qué ruta siguen.

Consulten un buen diccionario enciclopédico en la biblioteca y registren la información en un esquema.

Elaboren carteles, mapas o dibujos para ilustrar la exposición.

2. Contesta.

- ➤ ¿A qué se llama migración? _____
_____

- ➤ ¿Por qué viajan los animales? _____
_____

- ➤ ¿Qué es lo importante de las migraciones? _____
_____

- ➤ ¿Cuándo migran los animales? _____
_____

- ➤ ¿Cómo reconocen el camino? _____
_____
_____

3. Completa el esquema en tu cuaderno.

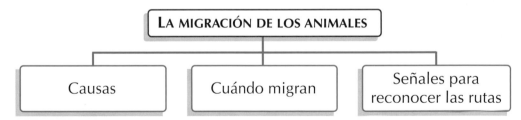

LA MIGRACIÓN DE LOS ANIMALES

| Causas | Cuándo migran | Señales para reconocer las rutas |

4. Con la información recogida en el esquema, redacta en tu cuaderno el resumen del texto.

Nos preparamos

◆ **Fíjate en lo que puede significar la palabra pata.**

- ➤ **En tu cuaderno, escribe oraciones en las que emplees los distintos significados de la palabra pata.**

Los significados de las palabras

◆ **Lee el significado de la palabra falda. Después, escribe delante de cada oración el número del significado correspondiente.**

falda

1. Prenda de vestir que cae de la cintura hacia abajo.

2. Parte baja de la vertiente de una montaña.

☐ Los excursionistas acamparon en la falda de la montaña.

☐ Mi prima vestía una falda azul.

◆ **Une las palabras que significan lo mismo o algo parecido.**

caminar   platicar

finalizar   andar

hablar   terminar

◆ **Escribe palabras que signifiquen lo opuesto.**

reír   _llorar_   salado _____   suave _____   arriba _____

◆ **Lee la siguiente información y coméntala con tus compañeros.**

colina

Elevación del terreno de forma suave y ondulada.

cañón

1. Arma que dispara proyectiles.
2. Cauce de un río excavado en el terreno, con paredes abruptas.

Algunas palabras tienen un solo significado; por ejemplo, la palabra **colina**.
Otras palabras poseen más de un significado; por ejemplo, la palabra **cañón**. En los diccionarios, cuando una palabra tiene varios significados, se pone un número delante de cada uno de ellos.

Dos o más palabras que poseen el mismo significado reciben el nombre de **sinónimos**. Ejemplos: pelo → cabello; lentes → anteojos; comenzar → empezar.
Dos palabras que tienen significados opuestos reciben el nombre de **antónimos**. Ejemplos: caliente / frío; grueso / delgado; empezar / terminar.

Actividades de aprendizaje

1. Escribe, debajo de cada fotografía, una oración con la palabra banco.

_____   _____   _____

2. Busca, en el diccionario, la palabra cadena y añade un significado.

cadena

1. Conjunto de piezas metálicas enlazadas.
2. Conjunto de establecimientos o tiendas que pertenecen a una sola empresa.
3. _____
   _____
   _____

3. Sustituye, en cada oración, la palabra destacada por un sinónimo.

responder   vivir   acercar   suponer

--• Los esquimales **habitan** en el Polo Norte.

_____

--• Mi mamá **cree** que perdí la cantimplora.

_____

--• Trata de **contestar** todo el cuestionario.

_____

--• Nos **aproximamos** al aeropuerto de la ciudad.

_____

4. Forma antónimos con des- y con in-.

cortés ⇨ descortés	tranquilo ⇨ intranquilo
conocido ⇨ _____	feliz ⇨ _____
obediente ⇨ _____	completo ⇨ _____
armar ⇨ _____	conforme ⇨ _____

Un viaje muy movido

Un campesino y su nieto salieron una mañana muy temprano con su burro para venderlo en la feria de un pueblo cercano. Los dos iban platicando mientras caminaban a buen paso. Cuando pasaron junto a una casa del camino, oyeron a unos hombres que decían:

—Mira qué campesinos tan tontos. Tienen un burro y van caminando.

El campesino pensó que aquellos hombres tenían razón y le pidió a su nieto que se subiera en el burro.

Un poco más adelante, se cruzaron con un grupo de mujeres. Una de ellas se acercó al muchacho y le dijo:

—Parece mentira, muchacho. Tú vas montado en el burro y tu pobre abuelo caminando; ¿no te da vergüenza?

El muchacho se bajó rápidamente del burro y le propuso a su abuelo que mejor fuera él subido lo que quedaba de camino. Y así continuaron.

Al rato pasaron junto a unos labradores y oyeron que uno de ellos decía:

—¿Ya vieron qué anciano tan abusivo? Él va muy a gusto montado en el burro y el pobre niño cansado de caminar. ¡Y seguramente van muy lejos!

En cuanto oyó estas palabras, el anciano se bajó del burro. Él nunca había pretendido aprovecharse de su nieto; por eso, el anciano le dijo al muchacho que volviera a subirse en el burro. Pero el nieto no quiso montar de nuevo; pensaba que tal vez pasaría alguien y lo volvería a regañar.

Abuelo y nieto estuvieron un rato platicando para ver quién se subiría al burro hasta que pasó un pastor y les dio una buena idea:

—¿Por qué no se suben los dos en el burro? Así no habrá ningún problema.

Y así lo hicieron. El muchacho se subió y se sentó delante de su abuelo.

Abuelo y nieto continuaron felices su camino. No habían transcurrido ni cinco minutos cuando se cruzaron con otros labradores:

—¡Ey! ¿Qué hacen? ¡Desde luego, el burro no debe ser de ustedes! ¡Lo van a reventar con tanto peso!

En ese momento, el campesino y su nieto se preocuparon seriamente. Si de verdad el burro se cansaba, llegaría al pueblo con muy mal aspecto y nadie desearía comprarlo. Y ellos tenían la intención de venderlo.

Así que se bajaron del burro y decidieron continuar tal y como habían comenzado su camino: los dos a pie.

Por supuesto, volvieron a oír toda clase de críticas, consejos y burlas. Pero esta vez no hicieron caso a nadie: ellos sabían lo que querían.

Cuento popular

Actividades de aprendizaje

Sugerencias

Los **cuentos** y las **leyendas** populares son historias que se inventaron hace mucho tiempo. No se sabe quién las creó, pero se han contado de una generación a otra y, a veces, cuando alguien las cuenta de nuevo, les añade o les quita hechos. Por eso existen diferentes versiones de las mismas historias.

Pide a un familiar que te cuente un cuento o una leyenda popular. Escríbela en tu cuaderno e ilústrala. Luego, léela a tus compañeros.

1. **Comenta con tus compañeros por qué el cuento se titula _Un viaje muy movido_.**

   -• Escribe el título que tú le hubieras puesto a la historia.

   _____

2. **Contesta.**

   -• ¿Por qué iban el campesino y su nieto a la feria de un pueblo?

   _____

   -• ¿Por qué se bajó el muchacho del burro? _____

   _____

   -• ¿Por qué se bajó el abuelo del burro? _____

   _____

   -• ¿Por qué se preocuparon el campesino y su nieto? _____

   _____

3. **¿Qué decía la gente al ver al campesino y a su nieto? Escribe el número que corresponde.**

◯ ¡Qué abuelo tan abusivo!   ◯ ¡Van a reventar al burro!

◯ ¡Qué muchacho más sinvergüenza!   ◯ ¡Qué tontos, van caminando!

Redactamos

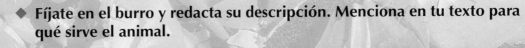

◆ **Fíjate en el burro y redacta su descripción. Menciona en tu texto para qué sirve el animal.**

   -• Revisa tu escrito, corrige la ortografía y pásalo en limpio si es necesario.
   -• Haz un anuncio con un mensaje publicitario para vender el burro.
   -• Ilustra tu anuncio y muéstralo a tus compañeros.

Ortografía

Palabras con y y con ll

Se escriben con **ll**:

-→ Las palabras que terminan en **-ella**, **-ello**, **-illa**, **-illo**. Ejemplos: La bot**ella** es de vidrio. El cam**ello** tiene dos jorobas. La ard**illa** es un roedor. La princesa vive en el cast**illo**.

-→ Las palabras que derivan de otras que llevan **ll**. Ejemplos: ca**ll**e → ca**ll**ejón; **ll**ave → **ll**avero; ga**ll**ina → ga**ll**inero.

Se escriben con **y**:

-→ El plural de las palabras que terminan en **y**. Ejemplos: El mague**y** es una planta cactácea. En México hay muchos mague**yes**.

-→ Algunas formas de los verbos **oír**, **huir**, **leer**, **caer**. Ejemplos: Laura **oye** música clásica. El ladrón **huyó** con el botín.

-→ Las palabras que tienen las letras **yec**. Ejemplos: tra**yec**toria, in**yec**tar, pro**yec**to.

1. **Lee el texto y subraya las palabras que terminan en -ella, -ello, -illa, -illo.**

Mis próximas vacaciones

Manzanillo es un lugar muy bello. Ahí vive Andrés, mi mejor amigo. En las vacaciones iré a visitarlo, me uniré a su pandilla y con ellos me divertiré mucho.

En la noche, nos reuniremos a comer alrededor de una fogata y seguramente podré ver el destello de alguna lejana estrella.

Todavía me acuerdo de aquella tarde en que nos empapamos con el agua de la lluvia. ¡Qué divertido!

Cuando vaya, le voy a llevar un rico pastelillo que prepara mi mamá.

-→ Escribe, donde corresponde, las palabras que subrayaste.

Palabras terminadas en **-ella** ⇨ _____

Palabras terminadas en **-ello** ⇨ _____

Palabras terminadas en **-illa** ⇨ _____

Palabras terminadas en **-illo** ⇨ _____

2. **Completa el cuadro.**

SINGULAR	PLURAL	SINGULAR	PLURAL
carey			bueyes
	leyes	mamey	
rey			magueyes

3. Forma y escribe palabras derivadas.

illa

campana   _____

carreta   _____

manzana   _____

illo

bocado   _____

palo   _____

conejo   _____

4. Escribe en pretérito los verbos de la izquierda y completa las oraciones.

leer

caer

oír

huir

caer

Ayer, Marcela _____ un cuento de terror.

Ricardo se _____ ayer de la bicicleta.

Anoche, Enrique _____ unos pasos en la azotea.

El pirata _____ con el tesoro del barco.

Ayer, se _____ las patinadoras.

5. Organiza estas familias de palabras.

caballo
calle
gallo

gallinero
caballero
callejón

llameante
gallina
caballería

llama
callejuela
llamarada

_____ _____ _____ _____

_____ _____ _____ _____

_____ _____ _____ _____

Para terminar

1. Imagina que vas de paseo a este lugar y conoces al personaje que vive ahí.

- Haz una postal con la mitad de una hoja blanca de papel o con una tarjeta de cartulina. Dibuja en una cara el lugar que visitaste.
- Dirige tu postal a un amigo o familiar. Cuéntale dónde estuviste, qué hiciste, qué viste, a quién conociste...
- Revisa la ortografía del texto de tu postal y los datos de tu amigo.
- Intercambia tu postal con algún compañero y revisa el texto que recibiste.

Taller 9 Radio infantil

1. **Propón a tus compañeros de equipo la organización de una estación de radio.**

   → Sugieran un nombre para la estación de radio y anótenlo.

   Nuestra estación se llamará: _____

2. **Escriban, en sus cuadernos, las coplas que más les gusten para transmitirlas en su programa *Coplas y canciones.***

3. **Seleccionen cuatro canciones para un programa musical y propónganlas a todo el grupo.**

Ahora escuchen la canción
_____
dedicada a todos nuestros amiguitos y amiguitas.

4. **Para el programa *Adivinas y se te traba la lengua*, busquen nuevas adivinanzas.**

   → Propongan un obsequio para los oyentes que las adivinen.

Llegó el momento de las adivinanzas. A los primeros que acierten les obsequiaremos
_____

5. **Elijan tres trabalenguas para transmitirlos en el programa *Adivinas y se te traba la lengua.***

Corazón de chirichispa
y ojos de chirichispé;
tú que me enchirichispaste,
hoy desenchirichíspame.

6. **Piensen en las noticias que transmitirían en su estación a la hora del noticiero.**

   - → Seleccionen y escriban las noticias en tarjetas.

7. **Añadan a su programación la sección *El personaje de la semana.***

   - → Para esta sección, pueden entrevistar a un profesor o a una profesora del colegio.
   - → Escriban cinco preguntas para la entrevista.

     Pregunta 1: _____

     Pregunta 2: _____

     Pregunta 3: _____

     Pregunta 4: _____

     Pregunta 5: _____

   - → Graben la entrevista para transmitirla por su estación.

   Graben los programas de radio que prepararon, escúchenlos y si advierten algún error, corríjanlo en una nueva grabación.

   Después, si lo desean, transmitan su programación a otros grupos del colegio.

8. **Elijan el texto literario que más les haya gustado para el programa *Cuentos y algo más...***

9. **Ahora, seleccionen el texto informativo que les haya parecido más interesante para el programa *Información de nuestro mundo.***

10. **Por el radio se transmiten anuncios con mensajes publicitarios.**

    - → Inventen y escriban un anuncio para cada uno de estos artículos.

11. **Con el material recopilado, cada equipo se puede encargar de un programa de la estación.**

    - → Elaboren una lista con los nombres de los programas que transmitirán por su estación de radio.
    - → Otro equipo será el encargado de la publicidad y seleccionará los mejores anuncios.

Cuando escribimos una carta y queremos enviarla por correo, es necesario introducirla en un **sobre** y anotar en él los datos del **destinatario**: la persona a quien dirigimos nuestra comunicación.

Destinatario → Paulina Rodríguez J.
Calle y número → Vallarta Núm. 2
Ciudad y estado → Morelia, Michoacán.
Código postal → C.P. 01100

En el reverso del sobre anotamos los datos del **remitente**: la persona que envía la carta.
Si la persona vive en el mismo lugar que nosotros, utilizamos un sobre ordinario; pero si vive en algún lugar lejano, utilizamos un sobre aéreo para que nuestra carta llegue más rápido.

Marcelo Ponce
Hidalgo 12
México, D.F.
C.P. 04020

CORREO AÉREO   AIR MAIL

1. **Imagina que vas a mandar una carta a un familiar o a un amigo. Anota en el sobre los datos del destinatario.**

   -→ Escribe en el reverso tus datos.

2. **Intercambia tu dirección completa con tus compañeros. De esta manera, puedes empezar tu directorio.**

   -→ Organiza tu directorio en orden alfabético. Escribe primero el apellido paterno, luego el materno y al final, el nombre de tus amigos. ¡No olvides anotar el código postal!

   Ejemplo → Álvarez Gómez Cecilia. Norte 68 Núm. 3626, C. P. 07880.

La carta

La **carta** es un texto que, generalmente, se envía en un **sobre** cerrado y a través del **correo**. Lee esta carta y fíjate cómo está organizada.

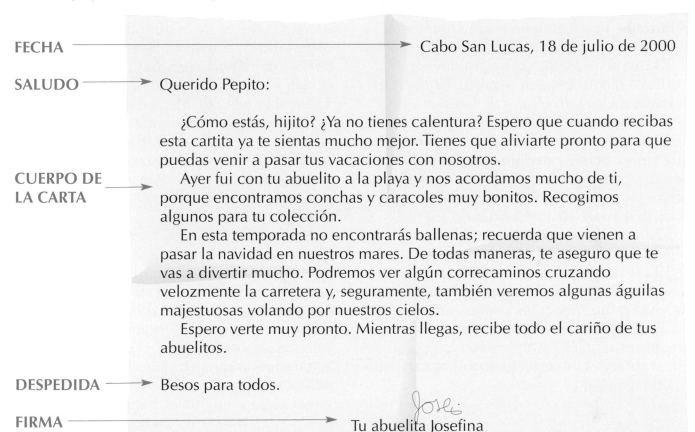

FECHA → Cabo San Lucas, 18 de julio de 2000

SALUDO → Querido Pepito:

CUERPO DE LA CARTA →

¿Cómo estás, hijito? ¿Ya no tienes calentura? Espero que cuando recibas esta cartita ya te sientas mucho mejor. Tienes que aliviarte pronto para que puedas venir a pasar tus vacaciones con nosotros.

Ayer fui con tu abuelito a la playa y nos acordamos mucho de ti, porque encontramos conchas y caracoles muy bonitos. Recogimos algunos para tu colección.

En esta temporada no encontrarás ballenas; recuerda que vienen a pasar la navidad en nuestros mares. De todas maneras, te aseguro que te vas a divertir mucho. Podremos ver algún correcaminos cruzando velozmente la carretera y, seguramente, también veremos algunas águilas majestuosas volando por nuestros cielos.

Espero verte muy pronto. Mientras llegas, recibe todo el cariño de tus abuelitos.

DESPEDIDA → Besos para todos.

FIRMA → Tu abuelita Josefina

1. **Sustituye los dibujos por palabras y escribe la carta completa en tu cuaderno.**

Querida Mari 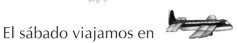 :

El sábado viajamos en hasta Mérida. Es una ciudad muy bonita y su gente es muy hospitalaria.

Ayer fuimos en a conocer las de Chichén Itzá que están muy cerca de esta ciudad.

Mi papá rentó un y en él nos iremos a Cancún. Ahí, nos subiremos a un para llegar hasta Cozumel.

En algún lugar te compraré un . Espero que tú también disfrutes las vacaciones. Nos vemos pronto.

ardo.

Todos los paisajes

México es la tierra en que tú vives; la montaña que conoces, el valle que has caminado. Pero también es una extensión enorme que jamás has visto.

El mapa de México muestra que su anchura mayor está en el norte. El norte es el lugar de los desiertos y de las serranías difíciles de subir. El hombre que aquí habita ha tenido que luchar durante siglos contra una tierra pobre y un clima que atormenta por sus extremos de calor y frío. Sobre la arena y la soledad, va dominando, poco a poco, el esfuerzo humano; donde antes no había más que cactus ha cundido una vegetación variada y útil.

El centro de México es de llanuras altas. Éste fue el término de la peregrinación de muchas tribus antiguas y el asiento de viejas civilizaciones. Éste fue también el sitio en que los españoles establecieron la capital del virreinato y el lugar en el que ahora radica el gobierno.

En el sur de México se mueven los ríos poderosos. Es la región que los abuelos llamaron "lugar de la abundancia", porque nada falta de alimento. Se dan las mazorcas tiernas de maíz, los granos oscuros del cacao, el café y la caña, los árboles frutales.

En el sureste de México está la península de Yucatán; los ríos caminan aquí debajo de la tierra, ocultando su fertilidad y su frescura. A veces el suelo se abre en una grieta y aparece un cenote, un pozo de agua profunda y transparente. Todo lo demás es sed.

En la superficie plana y caliza de Yucatán nace el henequén, planta de la que se saca una fibra que sirve para hacer un tejido resistente y flexible. Al este y oeste se extienden las costas mexicanas; aquí es el mar que aplaca las necesidades del hombre y el que le abre caminos. Por el mar llegan noticias, mercancías y viajeros de países remotos.

En México hay todos los paisajes; cuando tú contemples el tuyo piensa que, ante un horizonte diferente, hay también hombres diferentes. Unos se apartarán de ti por el idioma; otros por las costumbres o creencias. Pero todos son compatriotas tuyos; todos se igualan en su amor por México y en su propósito de hacer de él una patria digna, justa y respetada.

Rosario Castellanos

Actividades de aprendizaje

1. Localiza en el diccionario el significado de estas palabras.

serranía   término   asiento   cenote   horizonte

-→ Elabora una tarjeta para cada palabra y escribe en ella su significado. Escribe también una oración en la que uses la palabra.

Trabajo en equipo

Elijan una entidad federativa de nuestro país e investiguen en qué punto cardinal se encuentra, cómo es su relieve y su clima y cuáles son los recursos más abundantes.

Averigüen si en esa entidad habita algún grupo étnico indígena y qué lenguas de origen prehispánico se hablan en ella.

Después, expongan ante el grupo el resultado de su investigación.

2. Copia el esquema en tu cuaderno y complétalo con la información del texto.

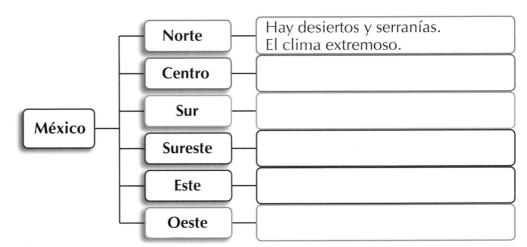

México	Norte	Hay desiertos y serranías. El clima extremoso.
	Centro	
	Sur	
	Sureste	
	Este	
	Oeste	

3. Contesta.

-→ ¿Qué es México para ti? _____

_____

-→ ¿Dónde se localiza tu entidad? _____

-→ ¿Qué formas del relieve hay en tu entidad? _____

-→ ¿Se habla alguna lengua indígena donde vives? _____

-→ Si es así, ¿cuál? _____

-→ ¿Qué puede unirnos a todos los mexicanos? _____

_____

Nos preparamos

◆ **Colorea los nombres que provengan de alguna lengua indígena.**

CERROS	Las navajas	Tepozteco	Yucuyuaca
RÍOS	Papaloapan	Río Verde	Coatzacoalcos
POBLACIONES	Kopomá	Tlaxcala	San Miguel Allende

207

Nuestra lengua

Lenguas de México

◆ **Lee el texto que escribió Xóchitl acerca de su hermano.**

Mi hermano aventurero

Tengo un hermano aventurero que se llama Tonatiuh. A mi hermano le gusta mucho viajar por nuestro país. Cada vez que tiene vacaciones, con su mochila al hombro, se va a recorrer diferentes lugares. En este último viaje me mandó varias fotografías. Una era del volcán Popocatépetl con su fumarola. Tomó la fotografía desde un pueblito llamado Avándaro. También me mandó una foto del volcán que esta pegadito al Popocatépetl y que tiene forma de mujer dormida. Ese volcán se llama Iztaccíhuatl. Después, recibí una postal de la ciudad de Oaxaca y otra de las lagunas de Chacahuaque. Por cierto, yo conozco una laguna muy bonita que se llama Zirahuén.

A mí también me gustaría ser una aventurera y conocer todos los lugares bonitos que tiene nuestro país. Pero mi mamá dice que tengo que crecer para poder acompañar a Tonatiuh.

Xóchitl Rivera González.

◆ **En el texto hay varias palabras de origen indígena. Subráyalas y clasifícalas en el siguiente cuadro.**

NOMBRES DE POBLACIONES	NOMBRES DE VOLCANES	NOMBRES DE LAGUNAS	NOMBRES DE PERSONAS

◆ **Lee la siguiente información y coméntala con tus compañeros.**

En México hay más de **seis millones** de personas que hablan una **lengua indígena**, aunque muchos también hablan **español**. Algunas de las lenguas indígenas se han conservado a través del tiempo y otras han desaparecido.

El **náhuatl**, el **maya**, el **tarasco**, el **otomí**, el **mixteco** y el **zapoteca** son las lenguas indígenas que más hablantes tienen. Estas lenguas también han influido en la **lengua española** que se habla en México.

Las lenguas indígenas le dieron al español cantidad de palabras, sobre todo **sustantivos**; por ejemplo, podemos encontrar:

- ➤ **Nombres y apellidos de personas.** Son sustantivos que se han tomado directamente de las lenguas indígenas.
- ➤ **Nombres de lugares.** Son sustantivos que se emplean para nombrar poblaciones, sierras, volcanes, ríos, lagos, lagunas...
- ➤ **Nombres de plantas, animales, objetos, comidas, minerales.** Son sustantivos que se utilizan para nombrar seres y objetos propios de nuestro país.

1. Lee el siguiente texto y subraya los sustantivos propios y los sustantivos comunes provenientes de alguna lengua indígena.

Animales, plantas y comida mexicanos

Mayahuel, Ana María y Nezahualcóyotl se reunieron en casa de Enrique. Tenían que preparar un trabajo sobre algún animal mexicano. No sabían si elegir entre el ocelote, el quetzal, el tecolote o el mapache. También podían escoger entre el tlacuache y el coyote.

—A mí me hubiera gustado más hacer el trabajo acerca de las plantas mexicanas. Podríamos elegir entre el nopal, el henequén, el oyamel o el cacahuate. Si no, podríamos hacerlo acerca del cempasúchil o del maíz —comentó Ana María.

—Ya que hablamos de animales y plantas de México, yo los invito a comer con doña Eréndira la mejor comida mexicana —dijo la mamá de Enrique—. Ella todavía utiliza el metate para moler el maíz y el molcajete para hacer las salsas. Además, prepara los huauzontles, el guacamole y las quesadillas de huitlacoche más sabrosas de México.

-• Clasifica las palabras que subrayaste.

Sustantivos propios de origen indígena	_____
	_____
Sustantivos comunes de origen indígena	_____
	_____

2. Piensa en un lugar de tu entidad cuyo nombre provenga de alguna lengua indígena.

-• Dibuja en medio pliego de cartulina el lugar que elegiste.
-• Escribe el nombre del lugar y, si conoces el dato, la lengua indígena de que procede.

3. Busca, en la sopa de letras, seis palabras procedentes de alguna lengua indígena y escríbelas.

R	N	O	P	A	L	M	T
C	H	A	Y	O	T	E	X
P	E	R	I	O	B	C	Y
A	J	Í	C	A	R	A	M
T	E	C	O	Y	O	T	E
A	J	O	L	O	T	E	V

NOMBRES DE PLANTAS

_____   _____

NOMBRES DE ANIMALES

_____   _____

NOMBRES DE OBJETOS

_____   _____

4. Investiga, en tus libros de Geografía y de Educación cívica, dónde se encuentran los grupos étnicos que hablan náhuatl, maya y mixteco.

-• Menciona los nombres de otras lenguas indígenas que se hablan en México.

El imperio de Ixtlahuacán

Un día muy soleado, un joven fue a pastorear sus chivas. Como a las once de la mañana se le ocurrió subir a una loma para vigilar desde la altura a sus animales. Desde allí arriba se podía observar el pueblo de Ixtlahuacán y el joven se distrajo. "¿Dónde está mi casa?", pensó. "Ah, sí, es aquella de color azul."

En eso estaba cuando oyó un ruido. Volteó hacia su derecha. Era una muchacha muy bonita, de ojos azules y pelo rubio, tan bonita que daba la impresión de ser una reina.

Mudo de asombro, el joven no pudo moverse. Entonces la muchacha habló, con voz que parecía una mezcla del canto de una sirena con el silbido de una serpiente.

—No tengas miedo —dijo ella—. No te voy a hacer nada, sólo quiero que me ayudes.

—¿Cómo puedo hacerlo? —preguntó el joven.

—De manera muy sencilla. Mira, yo soy la emperatriz de Ixtlahuacán, pero mi imperio ha sido encantado. El encanto se rompe si me llevas sobre tus hombros hasta la puerta de la iglesia. Si haces eso, tú serás mi esposo y el emperador de Ixtlahuacán.

El joven se puso a pensar un rato y finalmente aceptó.

—¡Qué bueno! —exclamó la muchacha—, pero antes debo advertirte una cosa: no debes voltear a verme en todo el camino, hasta llegar a la puerta de la iglesia. No prestes atención a nada de lo que te diga la gente.

El joven subió a la muchacha sobre sus hombros y tomó el camino que llevaba al pueblo. Al llegar a las primeras casas, las personas que se cruzaban con él se alejaban y se quedaban viéndolo con cara de susto.

—¿Adónde vas con esa víbora enredada en el pescuezo? —le gritó un niño.

El joven pensó que se trataba de una broma y siguió su camino. Sin embargo, otras personas le dijeron lo mismo más adelante. El joven empezó a sentir miedo y curiosidad, sobre todo curiosidad.

Cuando le faltaban pocos metros para llegar a la iglesia, no pudo resistir la tentación y volteó a ver. Vio una gigantesca serpiente que lanzó silbidos agudos mientras sacaba la lengua amenazadoramente. Con un rápido movimiento, el joven la desprendió de su cuello y la arrojó lo más lejos que pudo. Al caer, el animal desapareció.

Es por eso que el imperio de Ixtlahuacán no se desencantó.

Cuento tradicional. Versión de Luis de la Peña.

Actividades de aprendizaje

Sugerencias

Existen muchos cuentos y leyendas tradicionales que hablan de lugares o personajes encantados. Estas historias se han transmitido oralmente por generaciones hasta que alguien las recopila, las redacta y las publica.

Pide a algún familiar que te cuente un cuento o una leyenda de lugares o personajes encantados de tu localidad, escríbela en tu cuaderno e ilústrala.

1. Contesta.

-- ¿Dónde estaba el muchacho? _____

-- ¿Qué hacía? _____

-- ¿Por qué se quedó mudo de asombro? _____
_____

-- ¿Cómo se rompería el encanto del Imperio de Ixtlahuacán? _____

_____

-- ¿Por qué no se rompió el encanto? _____
_____

2. Dibuja en tu cuaderno lo que vio el muchacho cuando volteó.

3. Observa los dibujos y cuenta el cuento junto con tres compañeros.

Redactamos

◆ **Reúnete con tus compañeros de equipo e imaginen un cuento que se podría titular *El encantamiento del Imperio de Ixtlahuacán*.**

-- Piensen quién encantó el Imperio de Ixtlahuacán, por qué lo hizo, en qué consistió el encantamiento y cómo se podría romper el encanto.
-- Anoten sus ideas en un esquema.
-- Redacten el cuento en sus cuadernos.
-- Lean el texto completo y corrijan los errores de ortografía.

◆ **Intercambien su cuento con el de otros equipos y elijan el más original.**

Ortografía

Palabras con x

Se escriben con **x**:

-→ Los nombres de lugares procedentes de lenguas indígenas. Ejemplos: Oaxaca, Tlaxcala, Texcoco.
-→ Los nombres y apellidos de personas que proceden de lenguas indígenas. Ejemplos: Xicoténcatl, Xanat, Ixtlixóchitl.

También se escriben con **x**:

-→ Las palabras que se forman con la partícula **ex-**, que significa negación, o que ha dejado de ser. Ejemplos: **ex**patriar, **ex**pulsar, **ex**presidente, **ex**ministro.
-→ Las palabras que se forman con la partícula **extra-**, que significa fuera de o más que. Ejemplos: **extra**ordinario, **extra**territorial, **extra**terrestre, **extra**fino.

1. Lee el texto y subraya las palabras que tienen x.

¡Cuántas historias!

Una mañana, la maestra nos dijo:

—Tenemos muchas leyendas prehispánicas. Les contaré alguna que narre las hazañas del emperador Moctezuma Xocoyotzin. Otro día, les leeré la que habla de Xochiquetzalli, la diosa del amor y las flores. También les gustará mucho la historia de Xicóatl, la estrella errante que cayó en el agua. ¡Ah!, y que no se me olvide contarles cómo se fundó la ciudad de Uxmal o qué apareció en el lago de Texcoco. ¿Recuerdan la historia del imperio encantado de Ixtlahuacán?

"¿Cómo se escribirán todos esos nombres?", pensó Inés.

-→ Escribe las palabras subrayadas donde corresponde.

Nombres de personas → _____

Nombres de lugares → _____

2. Forma palabras que empiecen con extra y escríbelas.

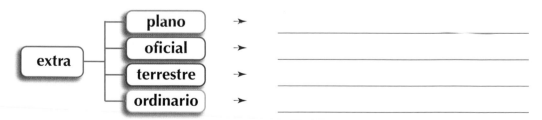

extra
- plano → _____
- oficial → _____
- terrestre → _____
- ordinario → _____

-→ Busca en el diccionario las palabras que formaste. Elabora una tarjeta para cada una y escribe su definición.

212

© Santillana

3. Completa los siguientes sustantivos.

ta ☐ i   ☐ ilófono   bo ☐ eador   sa ☐ ofón

4. Completa las oraciones con las palabras anteriores.

-• Joaquín maneja un _____ ecológico.

-• En la clase de música tocamos el _____ , el tambor y los cascabeles.

-• El _____ ganó la pelea con gran esfuerzo.

-• En la orquesta, un músico tocaba un _____ .

5. Completa cada oración con el adjetivo más apropiado.

-• Jimena tiene unos ojos _____ .

-• En la selva hay una vegetación _____ .

-• Ángel es un conductor _____ .

-• Chihuahua es una entidad que tiene un _____ territorio.

-• Ignacio presenció un acontecimiento _____ .

-• Guillermo hizo una descripción _____ del lugar.

> exuberante
> exacta
> extenso
> expresivos
> experto
> extraño

6. Escribe en orden alfabético estas palabras.

exagerar   explotar   examen   éxito   excelente   exprimir

_____   _____   _____

_____   _____   _____

-• Localiza el significado de cada palabra en el diccionario. Después, escribe en tu cuaderno una oración con cada palabra.

Para terminar

1. Escribe una carta a tu maestra donde le cuentes qué fue lo que más te gustó de este curso escolar.

-• Revisa la organización de tu texto y la ortografía.

2. Introduce la carta en un sobre y anota los datos del destinatario y los del remitente.

-• Comprueba que los datos estén anotados correctamente.

Bibliografía

Para el profesor

Anaya Rosique, Jesús y Guillermo Samperio. *Senderos hacia la lectura. Memoria del primer seminario internacional en torno al fomento de la lectura*, INBA/FONCA, México, 1990.

Charmeaux, Eveline. *Cómo fomentar los hábitos de lectura*, Ediciones Aula Práctica CEAC, Barcelona, 1992.

Díaz Barriga, Frida y Gerardo Hernández Rojas. *Estrategias docentes para un aprendizaje significativo*, McGraw-Hill, México, 1997.

Real Academia Española. *Esbozo de una nueva gramática de la lengua española*, Espasa-Calpe, Madrid, 1983.

Salgado Corral, Ricardo. *La literatura infantil en la escuela primaria*, Patria, México, 1972.

Seco, Rafael. *Manual de gramática española*, Aguilar, Madrid, 1989.

Ynclán, Gabriela. *Castillos posibles. Búsqueda de significado e interpretación de texto en el aula. Una propuesta para la educación básica,* Fundación SNTE para la Cultura del Maestro Mexicano A. C., México, 1997.

Para el alumno

Bladé, Jean-François. *Diez cuentos de lobos*, 11a. ed., Ediciones SM, Madrid, 1989 (El barco de vapor Núm. 26).

Bravo-Villasante, Carmen. *El libro de los trabalenguas*, CONACULTA/Grijalbo, México, 1991 (Botella al mar).

Horowitz, Jordan. *The pagemaster. El guardián de las palabras*, Alfaguara, México, 1995.

Lodi, Mario. *Cipi*, Alfaguara, México, 1994.

Pettersson, Aline. *Ontario, la mariposa viajera*, Alfaguara, México, 1996.

Phillips, Graciela. *Cántame un cuento*, Pangea Editores, México, 1988.

Salgado, Antonio. *Las mejores fábulas para niños*, Selector, México, 1993.

Serrano, Francisco. *La luciérnaga. Antología para niños de la poesía mexicana contemporánea*, CIDCLI, México, 1983 (La saltapared).

Primera evaluación bimestral _____

Nombre: _____ **Grupo:** _____ **Calificación:** _____

1. Lee el texto. Después, coloca los puntos y seguido con color verde, los puntos y aparte con azul y el punto final con rojo.

Algo sobre la jirafa

La jirafa es el mamífero herbívoro más alto del mundo Puede medir hasta seis metros de altura y su cuello puede llegar a medir hasta tres metros

La jirafa es muda, es decir, no puede emitir ningún sonido Cuando está en peligro, la jirafa sólo puede llamar a las otras jirafas de su manada por medio de movimientos

Este animal se alimenta de hojas, ramas y brotes de árboles Puede llegar con facilidad a las ramas más altas de los árboles para alimentarse

2. Lee el texto.

Demasiado temprano para pescar

El sábado, Pedro despertó a su hijo muy temprano.

—Juan, levántate. Vamos a ir a pescar a la laguna.

—¿Tenemos que levantarnos tan temprano? —preguntó el niño.

—¡Por supuesto! ¡Es la mejor hora para pescar! —contestó el papá.

—Todavía no sale el Sol. ¿Qué vamos a pescar si los peces están dormidos? —preguntó el niño con voz adormilada.

— Los peces no están dormidos. ¡Apúrate, por favor! Ponte la chamarra porque la mañana está fría.

--• Localiza en el texto dos oraciones de cada clase y escríbelas.

Declarativas
- Afirmativa _____ _____
- Negativa _____ _____

Interrogativas _____ _____

Exclamativas _____ _____

Imperativas _____ _____

3. Completa las oraciones con los signos de interrogación y de admiración que faltan.

--• Ay, ay, me duele mucho

--• Quieres jugar con nosotras

--• Qué jardín tan bonito

--• Qué te pasó

--• Por supuesto

--• Quién lo cuidará

4. Elabora un texto para describir el animal que más te gusta.

-• Dibuja en el recuadro el animal que elegiste.

5. Subraya con rojo el sujeto y con azul el predicado de cada oración.

-• Krakatoa es una isla volcánica.
-• El volcán de la isla explotó en 1883.
-• La mayor parte de la isla voló por los aires.
-• La explosión volcánica produjo en el mar una ola altísima.
-• La erupción del volcán acabó con todo.

6. Rodea las palabras que sean sustantivos.

princesa	bailamos	leones	las	cabello	delgada	flores
sube	avión	brillante	cohete	estrella	el	ave

7. Busca seis sustantivos y escríbelos donde corresponde.

M	A	R	I	A	N	O
É	C	A	L	L	E	M
X	L	T	Z	I	M	N
I	Y	Ó	B	C	A	E
C	T	N	P	I	F	R
O	N	I	Ñ	A	B	W

SUSTANTIVOS COMUNES

SUSTANTIVOS PROPIOS

8. Escribe dos sustantivos propios de cada clase.

-• Nombres de persona
-• Nombres de ciudades
-• Nombres de animales

Segunda evaluación bimestral

Nombre: _____ **Grupo:** _____ **Calificación:** _____

1. Escribe los nombres de las partes del libro que se indican.

_____

_____   _____

2. Completa las expresiones con los sustantivos adecuados.

> hoja   árbol   fruta   camino   noche   día

-• Un _____ frondoso.

-• Una _____ jugosa.

-• Una _____ clara.

-• Una _____ amarillenta.

-• Un _____ estrecho.

-• Un _____ caluroso.

3. Clasifica los sustantivos según su número.

> leche   refrescos   café   vasos   chocolate   tazas   cereales   agua

SINGULAR				
PLURAL				

4. Completa las enumeraciones.

-• Las estaciones del año son _____

-• Los días de la semana son _____

_____

-• Mis mejores amigos son _____

5. Escribe una noticia acerca de algo importante que haya sucedido en el colegio.

_____

_____

_____

_____

_____

6. Completa el texto con los artículos que faltan.

Un animal muy tranquilo

En _____ selva vive _____ perezoso. _____ perezoso es _____ animal más tranquilo y lento del mundo. Vive y duerme colgado de _____ ramas de _____ árboles; _____ hojas le sirven de alimento.

7. Sustituye los dibujos por palabras y escribe las oraciones.

-→ Mi mamá compró  para los  .

_____

-→ Mariana tiene una eléctrica.

_____

8. Subraya los adjetivos calificativos que aparecen en el siguiente texto.

Un bosquecillo

El bosque era pequeño, pero en él podías encontrar de todo: hojas amarillentas, árboles frondosos, brotes de plantas nuevas, animales temerosos, mariposas brillantes...

En medio del bosquecillo había una pequeña casa; en ella vivía un simpático viejecito acompañado de una gata blanca y un perro juguetón.

9. Completa con s, con c o con z.

Una tienda para todos

Ali☐ia era una mujer de una gran inteligen☐ia y un enorme cora☐ón. Sentía mucha triste☐a cuando veía la pobre☐a

en la que vivían los artesanos de su comunidad. Un día, tuvo una idea grandio☐a: poner una tienda. En ella, los artesanos podrían trabajar en silen☐io y la gente, compraría sus productos.

Tercera evaluación bimestral

Nombre: _____ **Grupo:** _____ **Calificación:** _____

1. Escribe las formas verbales donde corresponde.

(dormiremos)   (juegas)   (planean)   (vivo)   (encontró)   (venderán)

SINGULAR	PLURAL
Yo _____	Nosotros _____
Tú _____	Ustedes _____
Él o ella _____	Ellos o ellas _____

2. Subraya las formas verbales y anótalas donde corresponde.

	PASADO	PRESENTE	FUTURO
--• El lunes jugaremos el último partido.			
--• La leona cuida a sus cachorros.	_____	_____	_____
--• Los cachorros crecerán fuertes.	_____	_____	_____
--• Ayer fuimos al zoológico.			
--• El policía dirige el tránsito.			
--• Mi maestra vivía en Saltillo.			

3. Busca, en la sopa de letras, tres palabras con mp y tres con mb y escríbelas.

A	L	F	O	M	B	R	A
C	A	M	P	E	Ó	N	L
E	M	R	C	A	M	P	O
M	T	H	O	M	B	R	O
B	O	M	B	E	R	O	D
I	Á	M	P	A	R	A	C

PALABRAS CON MP

_____

_____

_____

PALABRAS CON MB

_____

_____

_____

4. Escribe las instrucciones para preparar un platillo que te guste.

_____   _____

_____   _____

_____   _____

_____   _____

_____   _____

5. Coloca los dos puntos en los lugares adecuados.

Animales y plantas

El explorador le dijo a su acompañante

—En la selva encontraremos muchos animales monos, serpientes, jaguares, murciélagos y, con un poco de suerte, hasta quetzales.

El acompañante contestó

—También veremos muchas plantas líquenes, ceibas, pinos, lianas y hasta orquídeas.

6. Cambia los números por las vocales correspondientes, descubre cuatro nombres de animales que proceden de una lengua indígena y escríbelos.

NOMBRES DE ANIMALES DE ORIGEN INDÍGENA

_____

_____

_____

_____

7. Divide las palabras en sílabas; después, rodea la sílaba tónica.

-• ropero   _____   -• mar   _____

-• espectáculo _____   -• pared   _____

-• níquel   _____   -• brújula _____

-• dos   _____   -• mecánica _____

-• Clasifica las palabras anteriores por el número de sílabas.

Monosílabas	Bisílabas	Trisílabas	Polisílabas

8. Coloca la tilde en las palabras que deben llevarla y clasifícalas.

-• rabano   -• pantalon   -• tunel   -• color   -• relampago   -• ventana

Palabras agudas	Palabras graves	Palabras esdrújulas

Cuarta evaluación bimestral

Nombre: _____ **Grupo:** _____ **Calificación:** _____

1. Lee el siguiente texto y subraya los verbos.

Una carrera

Cierto día, una liebre se vanagloriaba de su velocidad.

—Soy muy veloz. Corro tan rápido que nunca nadie me alcanzará. Siempre ganaré todas las carreras.

La liebre no contaba con la perseverancia de la tortuga que, al día siguiente, le ganó la carrera.

La liebre, avergonzada, reconoció su derrota.

-→ Escribe cada verbo subrayado en la columna correspondiente.

PRESENTE	PRETÉRITO	FUTURO	COPRETÉRITO

2. Escribe cuatro preguntas para entrevistar a un deportista famoso.

Pregunta 1: _____

Pregunta 2: _____

Pregunta 3: _____

Pregunta 4: _____

3. Escribe los guiones mayores donde corresponde.

Una tarde, Celia platicaba con María.

¿Quieres ir al cine conmigo? Están pasando una película de terror   dijo Celia.

¿De terror? No, gracias. Prefiero reírme un rato que pasar miedo   contestó María.

4. Completa las siguientes oraciones con pronombres personales.

-→ _____ estaban orgullosos de su trabajo.

-→ _____ queremos ir al zoológico y _____ quieren ir a la feria.

-→ _____ pasarán por mí en cinco minutos y _____ aún no estoy listo.

-→ _____ haces las tortas, _____ prepara el agua de limón y _____ llevan el pastel.

-→ _____ escucho música y _____ juegas con tus patines.

5. Completa las palabras con v o con b.

-• Con esta ☐rocha pinté todos los mue☐les.

-• El ☐iento agita☐a las ☐elas de la na☐e.

-• Marisela se compró una ☐lusa, un a☐rigo y un som☐rero ☐erdes.

6. Subraya los posesivos de estas oraciones.

-• ¿Adónde fue tu hermano?   -• Esa casa está cerca de la tuya.   -• Este reloj es suyo.

-• Las canicas son tuyas.   -• El perro café es nuestro.   -• Este lápiz es mío.

7. Cambia las palabras destacadas por un adjetivo terminado en -ivo o en -iva.

-• Un programa **que informa**.   ➤   Un programa _____

-• Una planta **que cura**.   ➤   Una planta _____

-• Un programa **de deportes**.   ➤   Un programa _____

-• Un día **de fiesta**.   ➤   Un día _____

8. Subraya las ideas principales del siguiente texto.

Las ardillas viven en el bosque, en la parte alta de los árboles, donde buscan algún hueco vacío. En ese hueco construyen su madriguera.

Las ardillas se alimentan con frutos secos y semillas. Cuando hace buen tiempo, recogen bellotas, avellanas y nueces y las almacenan en su madriguera. Cuando llega el invierno, duermen varios días seguidos y sólo se despiertan para comer.

Las ardillas son animales muy ágiles. Si algún animal las ataca, trepan rápidamente por los troncos y dan grandes saltos de un árbol a otro.

-• Escribe el resumen del texto anterior.

_____

_____

_____

9. Cambia algunas palabras de esta copla y escribe otra.

¡Qué bonito es el quelite,
bienhaya quien lo formó!,
que en sus orillitas tiene
de quién acordarme yo.

_____

_____

_____

_____

Quinta evaluación bimestral _____

Nombre: _____ **Grupo:** _____ **Calificación:** _____

1. Lee el siguiente texto y rodea los demostrativos.

> Un día, mi papá me llevó a visitar un vivero. Un jardinero se encargó de explicarme lo que había en ese lugar.
>
> —Esta flor se llama begonia. Las flores que ves en esa maceta se llaman pensamientos y en aquella jardinera están los geranios —me decía aquel jardinero mientras caminábamos por el vivero—. Este arbusto es un arrayán y aquellos árboles son naranjos.

2. Rodea las palabras que tienen el sonido suave de la g y subraya las que tienen el sonido áspero.

- gelatina
- galletas
- manguera
- agente
- mango
- general
- gemelos
- pingüino
- águila
- girasol
- merengue
- generoso

3. Escribe cuatro palabras distintas que estén formadas por dos vocales y dos consonantes combinadas.

- _____
- _____
- _____
- _____

4. Escribe las letras en orden alfabético.

| d | b | c | a | _____ |

| h | e | g | f | _____ |

| t | r | u | s | _____ |

| x | z | y | w | _____ |

5. Busca, en la sopa de letras, cinco palabras con g y cinco con j.

M	I	H	O	G	A	R	T
Á	T	I	J	E	R	A	S
G	E	R	A	N	I	O	M
I	H	A	J	E	F	E	P
C	I	J	I	R	A	F	A
O	G	I	R	A	R	E	J
H	O	J	A	L	X	R	E

PALABRAS CON G

_____

_____

_____

_____

_____

PALABRAS CON J

_____

_____

_____

_____

_____

6. Ordena alfabéticamente estas palabras.

camino   carbón   cabeza   caverna   cadena   caza

1 _____ 2 _____ 3 _____

4 _____ 5 _____ 6 _____

7. Escribe la forma del sustantivo, del adjetivo o del verbo que buscarías en el diccionario.

SUSTANTIVOS	policías	melones	tejones	profesora
ADJETIVOS	espléndida	trabajadores	hambrientas	traviesos
VERBOS	cerraremos	crecían	nadabas	quiero

8. Sustituye por un sinónimo la palabra destacada en cada oración.

escribir   ocultar   obtener   devolver

-• Mañana te **entregaré** todos los libros.   _____

-• Carla **consiguió** el primer lugar.   _____

-• Pablo se **escondió** debajo de la mesa.   _____

-• Abel **anotó** su nombre en la lista.   _____

9. Cambia por un antónimo la palabra destacada en cada oración.

enfriar   encender   salir   defender

-• Paco **apagó** todas las luces de la casa.   _____

-• Tus amigos **entraron** sin decir nada.   _____

-• La comida se **calentó** en cinco minutos.   _____

-• El futbolista **atacó** la portería.   _____

10. Subraya las palabras de origen indígena.

Eréndira y Gustavo fueron al tianguis de un pueblo del estado de Morelos. En ese lugar vieron muchas cosas interesantes: molcajetes y metates de piedra, huaraches hechos con cuero, canastas y chiquihuites de mimbre y cazuelas de barro.

Después, desayunaron en un puesto unos ricos tamales de dulce con trozos de piña y un delicioso atole de fresa.